Trauma-informed Care in Intellectual Disability
A self-study guide for health and social care

지적 및 학습 장애를 위한 트라우마 기반 돌봄: 실천적 가이드

Dr. Pat Frankish 저
남지은 · 이주영 역

박영story

About this publication

이 책에 대하여

이 책은 트라우마를 경험한 아동과 성인을 지원하는 실무자를 위해 팻 프랭키쉬(Dr. Pat Frankish)가 집필한 시리즈 중 하나이다. 특히, 지적 장애를 가진 사람들을 지원하는 데 초점을 맞추고 있다.

현재 이 시리즈에는 다음과 같은 책들이 포함된다:

- 『지적 및 학습 장애를 위한 트라우마 기반 돌봄: 실천적 가이드(Trauma-informed Care in Intellectual Disability)』: 보건 및 사회복지 실무자를 위한 자가학습 가이드
- FAIT(Frankish Assessment of the Impact of Trauma in Intellectual Disability): 지적 장애인을 위한 트라우마 영향 평가 도구
- 『0세부터 3세까지 - 나로 성장하기(Nought to Three-Becoming Me)』: 부모 및 양육자를 위한 가이드

더 자세한 정보는 출판사 웹사이트*에서 확인할 수 있다.

팻 프랭키쉬의 교육 과정에 대한 정보는 www.frankishtraining.co.uk에서 확인할 수 있다.

* www.pavpub.com/learning-disability/trauma-informedcare-in-intellectual-disability-a-self-study-guide-for-health-and-social-caresupport-staff

Introduction

서론

이 트라우마 기반 돌봄(trauma-informed care) 가이드는 지적 장애(Intellectual Disability, ID)를 가진 사람들을 지원하는 실무자를 위해 작성되었다. 최근 연구에 따르면, 지적 장애인들 사이에서 트라우마의 발생률과 유병률이 매우 높은 것으로 확인되었다.

그 원인 중 일부는 물리적 제지(restraint)나 익숙한 사람들과의 분리 경험과 관련이 있으며, 또 일부는 어린 시절의 트라우마 경험에서 비롯된다. 이 책에서는 특히 초기 트라우마 경험이 미치는 영향을 중심으로 다룬다.

오랫동안, 트라우마를 경험한 지적 장애인은 심리치료(psychotherapy)의 효과를 보기 어렵다는 이유로 치료 기회를 제한받아 왔다. 그러나 이제 우리는 이러한 가정이 사실이 아님을 알고 있으며, 이를 바로잡기 위한 노력이 이루어지고 있다. 하지만 개별 심리치료의 기회는 여전히 제한적이므로, 실무자들이 치료적 접근을 실무에 적용할 수 있도록 돕는 것이 이 가이드의 핵심 목표이다.

이 가이드는 개인 및 팀이 자가 학습(self-study)할 수 있도록 설계되었으며, 영국 국가직업자격(NVQ) 2단계 수준에 해당하는 학습 내용을 포함하고 있다. 또한, Frankish Training(www.frankishtraining.co.uk)에서 제공하는 공식 교육 과정의 기반이 되는 내용도 담고 있다.

이 책은 트라우마 기반 돌봄의 핵심 개념을 설명하며, 심리치료 및 장애 연구 분야에서 중요한 연구를 수행한 주요 학자들의 이론적 입장을 바탕으로 구성되었다. 이를 통해, 지적 장애인을 지원하는 실무자들이 보다 체계적으로 개입 방안을 계획하고 적용할 수 있도록 돕는 것이 궁극적인 목적이다.

STOP AND THINK

이 가이드에는 실무자나 팀이 책의 내용을 자신의 경험에 적용해 볼 수 있도록 돕고자 'STOP AND THINK(멈춰서 생각하기)' 섹션을 포함하였다. 또한, 제10장에서는 개인이 겪는 정서적 어려움을 해결하기 위해 언제, 어떻게 적절한 개입을 해야 하는지에 대해 다룬다.

이 가이드는 '지적 장애인의 트라우마 영향 평가 도구(FAIT: Frankish Assessment of the Impact of Trauma in Intellectual Disability, 2019)'와 함께 사용할 때 더욱 효과적이다. 해당 도구에 대한 자세한 정보는 웹사이트*에서 확인할 수 있다.

FAIT는 정서적 고통을 겪고 있는 개인의 정서 발달 수준을 평가하는 도구로, 이를 통해 대상자의 상태에 맞는 개입을 적절한 수준에서 제

* www.pavpub.com/health-and-social-care/health-learning-disability/frankishassessment-of-the-impact-of-trauma-in-intellectual-disability-fait

공할 수 있도록 돕는다. 평가를 통해 대상이 어느 정서 발달 단계에서 멈춰 있는지 파악하면, 그 사람이 언제 트라우마를 경험했는지도 추정할 수 있다. 이를 바탕으로, 트라우마를 유발한 사건을 탐색하고, 개인에게 가장 적합한 치료적 접근을 결정할 수 있다.

예를 들어, 약 2세경에 트라우마를 경험한 아이의 경우, 동생이 태어난 시점과 관련이 있는 경우가 많다. 동생이 발달적으로 앞서 나가면서 기존의 트라우마가 더욱 심화될 수 있으며, 그 결과 동생이나 어머니를 공격하는 행동을 보이며 지원 서비스를 의뢰받을 가능성이 높다.

이러한 경우, 해당 아동이 기능적으로 더 어린 연령대의 보살핌(nurturing)이 필요하다는 점을 이해하는 것이 중요하다. 적절한 보살핌이 제공되면 정서적 발달과 잠재력 실현이 가능하지만, 그렇지 않으면 폭력 증가, 자유의 제한, 추가적인 트라우마 경험 등 더 부정적인 방향으로 발전할 위험이 크다. 이러한 사례에서는 볼비(Bowlby, 1998)와 위니컷(Winnicott, 1964)의 연구가 개입 방안을 설계하는 데 유용하다.

또 다른 예로, 심한 자해 행동과 원인 없이 보이는 극단적인 기분 변화를 이유로 의뢰된 젊은 여성이 있다고 가정해 보자. 정서 발달 수준을 평가해 보면, 그녀의 정서적 연령이 거의 2세 미만에 머물러 있을 가능성이 높다. 이 경우, 멜라니 클라인(Klein, 1998)의 '우울적 위치(Depressive Position)' 이론이 이러한 상태를 이해하고 적절한 개입을 계획하는 데 도움이 된다.

FAIT 평가 결과 개별화 단계 이전 상태(pre-individuation)로 확인된 사람은 항상 신뢰할 수 있는 중요한 타인의 존재가 필요하다. 이후의 추가적인 치료적 개입은 대상자의 상태에 맞는 이론적 기반을 바탕으로 결정해야 한다.

Contents

차례

Chapter

01 영아 발달과 정서 건강
: 도널드 위니콧(Donald Winnicott)의 연구

도널드 위니콧은 1896년부터 1971년까지 활동한 매우 영향력 있는 아동 정신분석가로, 동시대의 다른 정신분석가들과 함께 초기 몇 년이 미래의 심리적 및 정서적 건강의 기초를 쌓는 데 얼마나 중요한지를 밝혀냈다. 그는 제2차 세계대전 동안 많은 연구를 진행했는데, 당시 수천 명의 아이들이 전쟁의 위험을 피해 도시에서 대피하며 부모와 오랜 기간 떨어져 있었다. 위니콧은 이러한 분리가 아이들에게 미치는 영향을 연구하며, 아동이 최적의 발달을 이루고 건강하게 성장하기 위해서는 신체적 및 개인적 환경의 연속성이 매우 중요하다는 것을 밝혀냈다. 그의 사상과 연구는 다양한 저서와 논문에 잘 나타나 있으며, 일부는 이 장의 끝부분에 권장 도서로 나열되어 있고, 최종 참고문헌(128페이지 참조)에 포함되어 있다.

동시성 모델(The model of synchrony)

위니콧의 저서 전반에 걸친 핵심 주제는, 아이가 건강하고 최적의 발달을 이루기 위해서는 정서적, 신체적, 지적 발달이 동시에 이루어져야 한다는 것이다. 이러한 발달은 아이가 각 발달 영역에서 잠재력을 최대한 발휘할 수 있도록 돕는 안전하고 안정된 '촉진 환경(facilitating environment)' 속에서 이루어져야 한다. 위니콧의 전쟁 대피 아동 연구(1964)는 부모와의 분리로 정서 발달이 지연된 일부 아동이 지적 발달에서도 어려움을 겪고 있음을 보여주며, 이 동시성 이론을 뒷받침했다.

위니콧의 연구를 바탕으로, 나는 장애가 있는 아동의 경우 정서적, 신체적, 지적 발달 간의 동시성이 어떻게 영향을 받을 수 있는지를 탐구하는 모델을 개발했다. 또한, 이러한 발달 영역들이 서로 다른 속도로 이루어질 수 있다는 '비동시성' 개념도 설명하였다.

그림 1.1 '동시성' 상태에 있을 때와 장애발달의 '비동시성' 상태에 있을 때의 발달과업

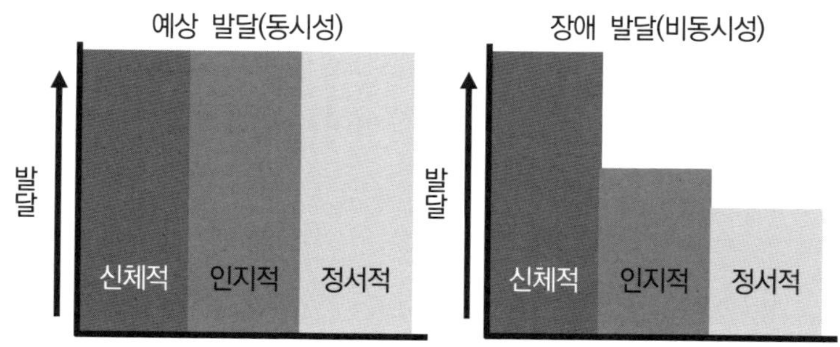

위니콧의 연구는 아동의 초기 '주요 관계'가 발달에 얼마나 중요한지와 이 관계가 평생 동안 기능에 어떤 영향을 미칠 수 있는지를 보여주었다. 나는 이러한 개념을 지적 장애를 가진 사람들에게 적용해 보았다. 이 장에서는 '충분히 좋은' 정상 발달의 과정을 살펴보고, 그 과정에서 발생할 수 있는 어려움의 결과를 탐구한 뒤, 장애를 가진 사람이 이러한 발달에 어떻게 영향을 받을 수 있는지를 논의하고자 한다.

정상 또는 최적의 발달

위니콧은 부모나 주요 보호자가 자녀의 발달에 가장 크게 기여하는 것은 생애 첫 3~4년 동안 완전한 헌신을 제공하는 것이라고 강조했다. 아기는 태어날 때부터 성장하고 발달할 수 있는 능력을 갖추고 있지만, 보호자는 이를 가능하게 하는 적절한 신체적 및 정서적 환경을 조성해야 한다. 이러한 환경을 '촉진 환경'이라고 부른다.

'충분히 좋은 양육'

위니콧이 활동하던 시기에는 어머니가 주로 아이의 첫 번째 주요 관계를 형성하는 보호자였다. 이를 바탕으로 그는 아이의 최적의 정서 발달에 필요한 조건을 설명하기 위해 '충분히 좋은 어머니역할(good enough mothering)'이라는 용어를 만들었다. 위니콧은 '충분히 좋은 어머니역할'이 아이에게 사랑받고 안전한 환경을 제공하여, 아이가 독립적인 인격체로 성장할 수 있도록 돕는다고 설명했다.

오늘날 사회가 변화하면서, 아이의 주된 보호자가 어머니가 아닌 다른 사람이 될 수도 있어, 우리는 이제 '충분히 좋은 돌봄(good enough care)'이라는 표현을 사용하기도 한다. 이 장에서는 '충분히 좋은 양육'이라는 용어를 사용하면서, 아이가 아버지나 다른 사람과 주요 관계를 형성할 수도 있음을 인정한다.

신생아 돌봄

위니콧은 신생아와 함께하는 어머니의 경험을 '모성 몰두(maternal pre-occupation)'라고 설명한다. 이 시기에는 어머니가 아기의 필요를 충족시키는 데 완전히 몰두하게 되며, 이는 자연스럽고 직관적으로 일어나는 과정이다. 어머니와 아기는 서로 깊이 연결되며, 위니콧의 말(1964)처럼 "아기만 존재하는 것이 아니라, 돌봄의 한 쌍이 존재하는 것이다(*There's no such thing as a baby – but a nursing pair*)." 이는 아기가 어머니가 제공하는 보호, 사랑, 안전, 음식을 통해 생존하기 때문에 아기와 어머니가 상호 의존적인 관계임을 의미한다.

이 과정에서 아기는 수동적인 존재가 아니다. 아기의 에너지는 어머니가 그 필요에 반응하도록 이끈다. 어머니와 아기는 서로 시각적으로 교감하며 눈을 맞춘다. 아기의 '자발적인 몸짓'은 어머니가 반응하게 만들고, 여기에 아기가 다시 반응하면서 이러한 상호작용이 계속된다. 이는 아기가 다른 사람과 처음으로 상호작용을 경험하는 순간이다. 이상적인 상황에서는, '어머니의 몰입' 단계가 배우자나 가족의 지원을 받아 어머니가 아기의 필요에만 집중할 수 있게 된다.

이 초기 단계에서 아기는 세상을 자신과 주된 보호자로만 구성된 것으로 경험하며, 자신과 어머니가 별개의 존재라는 것을 인식하지 못한다. 어머니가 아기의 필요를 충족시키는 데 몰두하기 때문에 아기는 자신이 '전능하다'고 느낀다. 즉, 아기는 자신이 세상의 중심에 있으며, 모든 것을 통제할 수 있다고 믿는다. 예를 들어, 아기가 배고픔을 느껴서 울면, 젖병이나 젖이 나타나게 되니, 아기는 자신의 배고픔과 욕구가 이를 발생시켰다고 생각한다. 위니콧은 이를 '전능의 환상'이라고 불렀다. 이는 물론 환상이다.

이 초기 기간 동안 주된 보호자는 아기의 극단적이고 강렬한 정서 상태를 처리한다. 아기가 속상하거나 피곤하거나 배고프거나 무서움을 느끼면 극도로 괴로워할 수 있다. 보호자는 이러한 불편의 원인을 찾아내어 아기에게 위안을 제공한다. 이렇게 해서 부모는 아기의 어려운 감정을 처리하여 아기가 감정에 압도되지 않도록 돕는다. 이 단계에서 아기는 스스로 감정을 처리할 능력이 없기 때문이다. 부모는 아기의 필요와 정서 상태에 '조율'하는 법을 배우고, 다양한 울음소리의 의미를 파악하기 시작한다. 부모가 이러한 극단적인 감정을 견디고 아이에게 거부감을 느끼지 않는 능력은 중요하며, 이는 아기의 감정을 지속적으로 처리해 줄 수 있게 한다.

이 초기 관계와 '충분히 좋은 돌봄'을 통해 아기의 '자아(ego)' 또는 자아감이 발달하기 시작한다. 자아(Ego)는 프로이트(1927)가 도입한 용어로, 이는 나중에 다른 장에서 다루어질 것이지만 기본적으로는 성격 또는 '우리가 어떤 사람인지'를 의미한다. 신생아의 경우, 자아는 아직 통합되지 않은 상태로, 아기는 주변 세계로부터 다양한 감각을 경험한다. 이 단계에서 아기는 다른 사람과 관계를 맺을 만큼 강한 자아를 가지지 못하고, 오직 어머니나 주된 보호자와의 초기 관계만을 형성한다. 위니콧은 '아기가 어머니의 눈에 비친 자신을 본다'고 설명했는데, 이는 이상적인 상황에서 아기가 그곳에서 사랑과 기쁨을 발견하게 된다는 의미이다. 이러한 따뜻하고 사랑이 넘치는 긍정적인 피드백이 아기의 자아를 통합시키고, '충분히 좋은' 긍정적인 자아감을 발달시키는 데 도움을 준다.

주 양육자가 다음과 같은 행동을 한다면 아이가 안전하고 안심할 수 있는 환경을 조성하여 자아감 또는 자아가 발달하는 데 큰 도움이 된다.

- 아기의 필요에 민감하게 반응하기
- 아기의 '전능함' 또는 존재의 중심이 되고자 하는 욕구를 수용하기
- 아이의 극단적인 감정을 잘 처리하기
- 아이가 감정에 압도되지 않도록 돕기
- 긍정적인 피드백을 제공하기

'모성 몰두'에서 벗어나기

아기가 조금 더 자라면, 어머니는 '모성 몰두' 단계에서 벗어나 자신만의 삶을 되찾기 시작하고 아이와의 밀착 관계에서 서서히 벗어난다. 이로 인해 어머니는 아기의 필요에 예전처럼 즉각적으로 반응하지 않을 수 있으며, 이를 통해 아기는 자신의 필요가 충족되기까지 기다리며 좌절감과 분노 같은 어려운 감정을 견디는 법을 배우게 된다.

이 과정을 통해 아기는 어머니나 보호자가 자신과는 별개의 존재임을 깨닫기 시작하고, 어머니와 아기가 밀착된 관계를 넘어 외부 세계가 존재한다는 인식을 발달시킨다. 아기는 '나인 것과 내가 아닌 것', 즉 자신과 외부 세계의 차이를 인식하게 된다.

자신 밖의 세계를 인식하고, 자신의 필요가 항상 즉각적으로 충족되지 않는다는 것을 경험하면서 아기의 전능감은 줄어들고, 자신이 우주의 중심이 아님을 느끼기 시작한다. 어머니는 아기가 세상을 통제할 수 없고 원하는 것이 항상 이루어지지 않는다는 사실을 받아들이도록 도와주며, 이러한 좌절감, 분노, 두려움 같은 감정을 처리하도록 돕는다.

이는 아기의 자아를 강화하고, 자아감을 발달시키며, 독립심을 키우는 기초가 된다.

이러한 '충분히 좋은' 초기 관계를 통해, 그리고 자신이 '충분히 좋은 아이(good enough child)'라는 피드백을 받으면서 아기는 다른 사람들과 관계를 맺을 수 있을 만큼 강한 자아와 자아감을 확립할 수 있다. 이후 아기는 다른 부모, 조부모, 형제자매와의 상호작용을 시작하며, 이를 통해 더 넓은 세상을 탐험하게 된다.

밀착된 관계에서 점진적으로 분리되는 과정을 통해 충분히 좋은 어머니나 보호자는 아기가 분리를 견디고, 필요가 즉각적으로 충족되지 않는 것에 대한 좌절을 작은 단계로 배워 나가도록 도와준다. 이렇게 하여 충분히 좋은 어머니는 아기의 어려운 감정을 견디는 능력을 점차 키워주며, 자아와 자신에 대한 감각을 강화시켜 독립심을 점진적으로 돕는다.

이 과정은 행복하고 건강한 정신 건강의 기초를 형성하여, 훗날의 삶에 중요한 역할을 한다. 위니콧은 '충분히 좋은 어머니'라는 용어를 사용하여 '완벽한 어머니(perfect mother)'와 대조하는데, 완벽한 어머니는 아기의 모든 필요를 즉각적으로 충족시키려 하여 아기가 별개의 존재로서 자아감을 발달시키고 좌절을 견디는 것을 방해하거나 지연시킬 수 있다.

전환 대상(Transitional object)

어머니가 아기와의 밀착된 관계에서 서서히 벗어나 분리 과정을 계속 진행하면, 아기는 '전환 대상'을 가지게 될 수 있다. 전 세계적으로 부모들이 '안전 담요(security blanket)'라고 부르는 이 물건은 꼭 담요가 아닐 수도 있다. 아기에게 이 소중한 물건은 낡은 천 조각이나 곰 인형일 수 있으며, 어머니나 보호자의 안전과 안정을 상징한다. 아기는 이 전환 대상을 지니고 있으면 보호자와 떨어져 있는 동안 느끼는 불안을 견딜 수 있게 된다.

STOP AND THINK

잠시 멈추고 여러분의 전환 대상에 대해 생각해 봅시다.
그것이 무엇이었는지 떠올려 보고, 혹시 잃어버린 적이 있다면, 그때 어떤 기분이었는지 떠올려 보세요. 혹은 여러분이 아는 아이와 그 아이의 전환 대상에 대해 생각해 보세요. 그 아이는 그 물건을 잃었을 때 어떻게 반응했나요?
혹시 특정 물건에 강한 애착을 가진 장애가 있는 성인과 함께 일한 경험이 있나요? 그 물건이 없어졌을 때 그들이 어떻게 반응했나요? 이러한 물건은 때때로 나이에 맞지 않는 전환 대상으로 여겨질 수 있습니다.

지적 발달

아이는 주요 보호자와 서서히 분리되면서 다른 사람들과 관계를 맺고 세상을 탐험하게 된다. 이 과정에서 자신과 세상에 대해 생각하는 능력이 발달한다. 아이는 '나는 무엇이고, 내가 아닌 것은 무엇인가?'라는 경계를 인식하며, 자기 자신과 외부 세계의 차이를 깨닫게 된다.

시각적 상호작용을 통해 아기는 주요 보호자의 반응을 살피며 다양한 상황에서 탐험이 안전한지를 판단한다. 이는 보호자가 자신을 안전하게 지켜줄 것이라는 절대적인 신뢰가 바탕이 된다. 이러한 탐험을 통해 아기는 감각을 통해 들어오는 정보를 처리하고 합리화하는 법을 배우기 시작한다.

이 과정을 통해 아이는 점차 생각하는 법을 배우고, 나아가 '무엇에 대해 생각하는' 능력으로 발전한다. 아기는 일상 속에서 자신의 세계에 대한 현실을 머릿속에 '저장'하게 된다. 새로운 것을 접할 때마다, 아이는 이미 머릿속에 있는 정보와 새로운 정보를 연결하여 이해한다. 이는 아이가 자신과 환경에 대해 생각할 수 있는 '합리화' 단계에 이르렀다는 것을 의미한다.

아이에게 이러한 사고 능력과 '세상에 대해 생각할 수 있는' 능력을 키워주는 것은 주요 관계에서의 신뢰, 상호작용, 안전, 그리고 안정감이다. 다시 말하지만, 아이는 생각하는 법을 배우고, 세상을 이해하며 합리화의 단계에 도달하기 위해서 이러한 경험이 필요하다.

'진정한 자아(true self)'의 발달

위니콧(1964)은 아이가 '충분히 좋은 돌봄'을 받을 때 형성되는 자아 감각을 '진정한 자아'라고 설명한다. 즉, 아기가 자신의 필요가 충족되고 보호자로부터 사랑과 '충분히 괜찮다'는 느낌을 받을 때, 아이의 있는 그대로의 성격이 자연스럽게 성장하고 발달할 수 있으며, 아이는 세상에 자신의 '진정한 자아'를 드러낼 수 있게 된다.

반면에 이러한 경험을 받지 못한 아이들은 '거짓 자아'(여기에 대해서는 이후에 더 자세히 논의됨)를 발달시킬 수 있는데, 이는 주 양육자나 다른 사람들이 원하는 것에 맞춰 자신을 변화시키면서 발생한다. 따라서 아이가 발달시키는 자아 감각은 아기의 진정한 자아가 아닌, 다른 사람들이 원하는 모습에 가까운 '거짓 자아'가 된다.

위니콧은 '진정한 자아'를 발달시키고 이를 세상에 드러낼 수 있는 사람들이 활력 있고 창의적이며, 살아있음을 기뻐하고, '온전함' 또는 '완전함'을 느낀다고 설명한다.

문제가 발생할 때 - 돌봄이 '충분히 좋지 않을' 때

지금까지 우리는 아이가 자신의 잠재력을 최대한 발휘할 수 있도록 돕는 이상적인 돌봄 상황을 살펴보았다. 그러나 때로는 여러 가지 이유로 인해 아이가 이러한 이상적인 '충분히 좋은 양육'을 받지 못하는 경우도 발생할 수 있다.

> **STOP AND THINK**
>
> 잠시 멈추고 부모가 '충분히 좋은' 돌봄을 제공하지 못할 수 있는 이유를 나열해 보세요. 때로 나이에 맞지 않는 전환 대상으로 여겨질 수 있습니다.

부모가 충분히 좋은 돌봄을 제공하지 못하는 몇 가지 이유는 다음과 같다.

- 어머니와 아기가 분리되어 있는 경우.
- 어머니가 정신건강 문제와 같은 자신의 어려움으로 인해 아기

에게 필요한 모성적 양육을 제공하지 못하는 경우.

- 부모가 새로운 부모 역할에 완전히 압도되거나, 이를 돕기 위한 충분한 지원을 받지 못하는 경우.
- 어머니가 매우 심각한 상태인 산후우울증을 겪는 경우. 이는 효과적인 치료가 필요한 질환으로, 어머니가 아이와 관계를 형성하는 능력에 영향을 미칠 수 있다.

충분히 좋은 돌봄을 받지 못한 아기에게 일어나는 일

아기가 '충분히 좋은 돌봄(good enough care)'을 받지 못하는 상황에서는, 주 양육자가 아기의 욕구나 감정을 제대로 읽지 못할 수 있다. 또한, 아기의 요구를 감당하지 못하거나, 아기가 모든 것의 중심이 되려는 본능적인 욕구를 받아들이지 못할 수도 있다. 어머니가 아기의 자발적인 몸짓에 반응하지 못하거나, 아기와 함께 기쁨을 나누는 상태로 들어가지 못하는 경우도 있다. 이처럼 양육자가 아기의 감정을 제대로 처리하지 못하면, 아기는 자신의 감정에 압도되어 버릴 수 있다.

어머니가 자연스럽게 아기에게 반응하지 못하면, 아기 역시 어머니에게 반응하지 못하게 된다. 이러한 패턴이 굳어지면, 아기는 점점 신경질적이고 예민해질 수 있으며, 이러한 반응이 사라졌다가 이후 더욱 심각한 형태의 행동으로 다시 나타날 수도 있다. 더욱 심각한 경우, '충분히 좋은 돌봄'이 제공되지 않으면 아기가 거부당하거나, 심지어 아동 학대로 이어질 위험도 있다.

STOP AND THINK

이러한 상황에서 아기가 어머니의 눈에 비친 자신을 본다면? 이것이 아기의 자기 인식에 어떤 영향을 미칠지 깊이 생각해 봅시다.

아기가 충분히 좋은 돌봄을 받지 못하는 상황에서는, 스스로 '충분히 괜찮은 존재'라는 피드백을 받을 수 없다. 이는 성격 형성의 기본 요소를 방해하며, 결국 성격 장애나 자아(Ego) 혼란과 같은 심각한 영향을 초래할 수 있다.

실제로 대부분의 사람들은 완벽하고 이상적인 모성 경험과 충분히 좋은 돌봄을 받지 못하는 경험 사이 어딘가에 위치하게 된다.

충분히 좋은 돌봄을 받지 못했을 때의 결과

◆ 진정한 자아(True Self)와 거짓된 자아(False Self)

아기의 자발적인 몸짓에 대한 반응이 없거나, 아기의 욕구가 충족되지 않는다면, 아기는 점차 어머니가 원하는 대로 행동하게 된다. 어머니는 아기가 자신의 기대에 맞출 때 더 긍정적으로 반응하게 되며, 이는 양육자가 아기를 돌보는 데 있어 더 수월한 방법이 될 수 있다. 그러나 아기 입장에서 이는 자신의 욕구를 억누르고 양육자의 기대에 순응하는 것을 의미한다. 이러한 과정이 지속되면, 아기는 자신의 '진정한 자아'를 억압하고 점차 '거짓된 자아'를 형성하게 된다.

이 '거짓된 자아'는 결국 세상에 드러나는 자아 또는 성격으로 자리

잡게 된다. 시간이 흐르면서, 이는 너무 깊숙이 자리 잡아 당사자조차도 자신의 '거짓된 자아'가 진정한 자신이 아님을 깨닫지 못할 수 있다. 이러한 거짓된 자아는 본래 양육받지 못하고 반응을 얻지 못한 '진정한 자아'를 보호하고 방어하는 수단으로 고착된다.

거짓된 자아를 세상에 드러내며 살아가는 사람은 종종 진정으로 살아 있지 않은 듯한 느낌, 비현실감, 행복이 실재하지 않는 것 같은 감각을 경험할 수 있다. 이들은 특정한 환경적 요인(트리거)이 작용할 경우 심리적 붕괴에 취약해질 가능성이 크다. 또한, 이들은 전체적인 성격 발달에 영향을 받을 수도 있으며, 어릴 적 모성적 돌봄을 충분히 받지 못한 시점에서 정서적으로 '고착'되거나 '머물러' 있을 수도 있다.

◆ 지적 발달의 지연

아이가 세상을 탐색하고 다른 사람들과 관계를 맺는 데 필요한 안전감과 안정감을 경험하지 못하거나, 이러한 과정이 완전히 이루어지지 않으면, 지적 발달에 부정적인 영향을 받을 수 있다. 외부 세계에 대한 관심이 발달하지 않을 수도 있으며, 충분한 자극을 받지 못하면 지적 성장에 큰 장애가 생길 수 있다.

◆ 강박적인 자기 의존(Compulsive Self-Reliance)

충분한 돌봄을 받지 못하고 양육 과정에서 실망을 경험한 또 다른 결과는, 아이가 주 양육자를 신뢰할 수 없다고 느끼고 너무 이른 시기에 스스로에게 의존하기 시작하는 것이다.

일반적으로 5~6세 무렵이 되면 아이가 점차 자신의 판단을 신뢰하기 시작하는 것이 적절하다. 그러나 18개월~2세와 같은 너무 이른 시기에 자기 판단에 의존하기 시작하면, 이는 심각한 문제로 이어질 수 있으며, 평생에 걸쳐 강박적인 자기 의존 성향을 형성하게 된다.

이러한 성향을 가진 사람들은 타인에게 도움을 요청하는 법을 배우지 못한 채 성장하게 된다. 결국, 성인이 되었을 때 필요할 때조차도 도움을 요청하지 못하거나, 누군가에게 의존하는 것을 견디지 못하는 문제를 겪을 수 있다. 이러한 사람들은 삶을 살아가긴 하지만, 독립성과 자기 의존성을 유지하기 위해 막대한 감정적 에너지를 소모해야 하는 어려움을 겪는다.

그 밖의 결과

'충분히 좋은 양육'이 이루어지지 못한 경우, 아이 혹은 성인이 자신감 부족, 자신의 의견이 존중받지 못할 것이라는 불안감과 두려움, 그리고 자신의 욕구가 중요하지 않다고 느끼는 것과 같은 문제를 보일 수 있다. 이러한 반응은 영유아 시기에 지속적으로 욕구가 충족되지 못한 경험이 있을 경우 자연스러운 결과라고 할 수 있다.

이처럼 기본적인 애착 관계의 결핍은 아이가 강한 자아감과 자신감을 형성할 기회를 갖지 못하게 만들며, 이는 성장 후에도 세상에 대한 지속적인 두려움으로 이어질 수 있다.

또한, 행동 문제가 나타날 수도 있다. 이는 아이가 관심을 받지 못한 상태에서 강한 주의를 끌기 위해 문제 행동을 보이는 경우이다. 이러한 아이들은 비록 부정적인 반응(예: 분노, 꾸지람)을 받더라도, 그것이 무관심보다 나은 것으로 느껴질 수 있다. 왜냐하면 적어도 그러한 방식으로라도 자신의 존재가 인정받기 때문이다.

어떤 경우에는, 주 양육자가 과보호적인 태도를 보였을 수도 있다. 이러한 부모는 아이의 모든 욕구를 지속적으로 충족시키면서도, 아이가 자아감을 형성하고 독립성과 자신감을 키울 수 있는 기회를 제공하지 못했을 가능성이 있다. 이러한 환경에서 자란 사람은 타인에게 지나치게 의존하며, 독립적이고 자신감 있는 삶을 살아가는 데 어려움을 겪을 수 있다.

마지막으로, 부모로부터 충분한 관심과 접촉을 받지 못한 아이는 의사소통 능력 부족을 겪을 가능성이 크다. 왜냐하면 효과적인 의사소통을 배우고 연습할 기회를 충분히 갖지 못했기 때문이다. 이는 결국 지적 발달에도 부정적인 영향을 미칠 수 있으며, 대인관계 형성의 어려움으로 이어질 수 있다. 이 경우, 당사자는 언어적 소통이 아닌 행동을 통해 자신의 욕구를 표현하려는 경향을 보일 수 있다.

극단적인 결과

부모의 양육 실패가 초래할 수 있는 보다 극단적인 결과에 대해 위니컷(1990)은 초기 애착 관계에서의 박탈이 비행 또는 범죄적 행동과 연관될 수 있음을 지적한다. 그는 개인이 보이는 범죄나 비행의 유형이 어린 시절 경험한 박탈의 종류와 밀접하게 연관될 수 있다고 설명한다.

또 다른 매우 심각한 결과로는 여성에 대한 두려움이 발생할 수 있다. 특히, 어머니가 아이에게 적대적이거나 공격적인 태도를 보였던 경우, 이러한 경험은 성인이 된 후 여성 혐오(misogyny) 또는 여성에 대한 증오로 발전할 수 있다. 극단적인 사례에서는, 여성을 상대로 한 강간범이나 살인범들이 어린 시절 어머니와의 관계가 실패했으며, 이후 여성에게 학대를 당한 경험이 있는 경우가 많았다는 연구 결과도 있다.

더욱 심각한 경우, 반사회적 인격(psychopathic personality) 또는 사이코패시가 발달할 수도 있다.

아기가 심각한 수준의 방임(neglect)을 경험하고 오랜 시간 혼자 방치되었으며, 기본적인 욕구조차 거의 충족되지 못한 경우, 이는 타인과 관계를 형성하는 능력 자체가 발달하지 못하는 결과로 이어질 수 있다. 이러한 박탈이 극단적인 수준에 이르면, 해당 개인은 반사회적이고 비도덕적인 성향을 보이며, 타인의 감정이나 욕구를 고려하지 않는 성격을 형성할 위험이 있다.

결국, 양육이 실패하고 아기가 '충분히 좋은 돌봄'을 받지 못하면, 건강한 자아감과 정신 건강을 위한 기초가 형성되지 않는다. 이는 아이의 잘못이 아님에도 불구하고, 기본적인 인격이나 자아(Ego)가 왜곡된 상태에서 성장하게 된다.

이러한 경험을 한 사람은 이후 삶의 다양한 도전에 맞서 싸우는 데 어려움을 겪을 가능성이 높으며, 스트레스와 정신 건강 문제에 취약해질 수 있다.

장애를 가진 아동

지금까지 우리는 최적의 발달과 건강한 정신 기능을 위해 필요한 요소, 그리고 이러한 과정이 실패할 경우 발생할 수 있는 결과에 대해 논의해왔다. 그러나 학습 장애를 가진 아동의 경우, 상황은 더욱 복잡해질 수 있다.

장애가 있는 아동은 설령 '충분히 좋은 양육'이 제공되더라도, 그것을 온전히 받아들이는 것이 어려울 수 있다. 이는 아동의 인지적 · 정서적 · 신체적 한계로 인해, 부모와의 상호작용이 원활하지 않거나 감정적 요구가 다르게 표현되기 때문이다.

이러한 경우, 아동이 필요한 돌봄과 애착 경험을 충분히 얻지 못할 위험이 크며, 이는 성장 과정에서 정서적·사회적 발달에 추가적인 어려움을 초래할 수 있다.

STOP AND THINK

장애를 가진 아동이 '충분히 좋은 양육'을 받는 데 어려움을 겪는 이유는 무엇일까요? 이러한 어려움의 몇 가지 예를 목록으로 정리해 봅시다.

장애를 가진 아동은 부모의 최선의 의도에도 불구하고 주 양육자와의 빈번한 분리를 경험할 가능성이 크다. 예를 들어, 아동은 입원 치료가 필요할 수도 있으며, 또래보다 이른 시기에 아동 발달 센터(Child Development Centre)나 유아 교육 기관을 다니게 될 수 있다. 이러한 조치는 아동의 인지 발달을 돕기 위한 목적으로 이루어질 수 있지만, 동시에 양육자로부터의 분리를 초래하여 애착 형성에 영향을 미칠 수 있다. 또한, 부모의 양육 부담을 덜어주기 위해 일시적인 보호(respite care)가 제공될 수도 있다.

이러한 반복적인 분리 경험은 아동의 안정감과 애착 형성 능력에 영향을 미칠 수 있다. 양육자와의 깊고 친밀한 일대일 관계가 중요한데, 지속적인 분리는 이를 방해할 수 있다. 또한, 아동이 이동할 때마다 환경이 바뀌는 것은 발달에 필수적인 '촉진 환경(facilitating environment)'을 유지하는 데 어려움을 초래할 수 있다.

장애를 가진 아동을 키우는 것은 부모에게 큰 심리적 부담이 될 수 있으며, 이는 부모 자신의 정서적 기능에도 영향을 미칠 수 있다. 비장애 아동을 돌보는 것보다 장애 아동을 돌보는 것은 훨씬 더 스트레스가 많은 과정이며, 해결해야 할 문제도 많다. 또한, 여러 전문가(의사, 치료사, 특수교사 등)와의 협력이 필요할 수 있어 부모의 정신적·육체적 부담이 가중될 수 있다.

또한, 장애로 인해 부모가 아이의 신호를 읽는 것이 더 어려워질 수 있다. 아동이 근육 긴장도가 낮아(floppy) 움직임이 적거나, 자주 울거나, 먹이기 어려운 특성이 있는 경우, 부모는 아이의 욕구를 알아차리고 반응하는 데 어려움을 겪을 수 있다.

이러한 과정에서 부모는 아동의 '자발적인 몸짓(spontaneous gestures)'을 인식하고 반응하기 어려워지고, 부모와 아이가 공유하는 정서적 교감(reverie)이 약해질 수 있다. 이러한 교감은 아동이 자아감을 형성하는 데 필수적이므로, 부모가 이를 충분히 제공하지 못하면 아동의 자아 발달에 부정적인 영향을 미칠 수 있다. 때때로, 부모가 장애 아동을 사랑하고 돌보는 것이 쉽지 않을 수도 있으며, 이에 따라 필요한 돌봄을 충분히 제공하지 못하는 경우도 발생할 수 있다.

만약 부모가 아동의 욕구를 적절히 충족시키지 못한다면, 아동은 문제 행동(challenging behaviors)을 통해 자신의 욕구를 표현하게 될 수도 있다. 이는 이후 삶에서 지속적인 행동 문제로 굳어질 수 있다. 반면, 아동이 자신의 욕구를 포기하고 점차 수동적이고 내성적인 태도를 보이며, 자신의 세계로 움츠러들 수도 있다.

또한, 장애 아동은 애착을 형성하는 과정에서 중요한 신체적 움직임(예: 부모가 방을 나갈 때 따라가는 행동)을 수행하기 어려울 수 있다. 이러한 행동이 제한되면, 부모는 아이가 움직이지 않을 것이라는 이유로 혼자 두는 시간이 많아질 수 있다. 또한, 아동은 전이 대상(transitional object, 예: 애착 인형, 이불)을 붙잡고 의존하는 경험을 할 신체적 능력이 부족할 수도 있다. 만약 전이 대상이 사라지거나 빼앗겼을 때도 소리를 지르거나 반응하는 능력이 부족하면, 점진적인 분리 경험을 통해 서서히 독립성을 키우는 기회를 얻지 못하게 된다. 이러한 과정이 반복되면, 아동은 심한 불안에 빠질 가능성이 크며, 타인에 대한 신뢰를 형성하는 데 어려움을 겪을 수 있다.

장애 아동의 부모는 종종 과보호적인 태도를 보이며, '모성 집착 단계(maternal preoccupation stage)'에서 벗어나지 못하는 경우가 있다. 이러한 과보호는 아동이 독립성을 키울 기회를 제한할 수 있다. 위니컷은 그의 저서 Playing and Reality(1971)에서 놀이가 단순한 여가 활동이 아니라, 아이가 세상을 이해하고 통제하는 법을 배우는 중요한 과정이라고 설명한다. 놀이는 모든 발달 영역에 필수적이며, 특히 양육자와의 놀이 활동은 애착 형성에도 중요한 역할을 한다. 그러나 신체적 장애를 가진 아동은 발달을 돕는 놀이 활동에 충분히 참여하기 어려울 수 있다. 이러한 제약은 아이가 자기 조절 능력과 사회성을 키우는 중요한 기회를 놓치게 만들 수 있다.

STOP AND THINK

당신이 알고 있거나 함께 일하는 장애를 가진 사람이 '충분히 좋은 양육(good enough parenting)'을 받을 수 있는 가능성에 장애가 어떻게 영향을 미쳤을지 구체적으로 생각해 봅시다. 또한, 그들의 경험이나 관련 요인 중에서 이러한 영향을 미쳤을 가능성이 있는 요소가 있는지 상세히 분석해 봅시다.

발달 과제의 동시성에 미치는 영향

위니컷의 발달 과제 간 동시성 모델을 다시 살펴보면, 아동의 초기 애착 관계에서의 어려움이 '충분히 좋은 양육'을 받는 능력에 영향을 미칠 수 있음을 확인할 수 있다. 장애를 가진 아동의 경우, 부모가 최선을 다해 적절한 돌봄을 제공하더라도 장애로 인해 이를 온전히 받아들이는 것이 어려울 수 있다. 이로 인해 발달 과제 간 불균형(dyssynchrony)이 발생할 가능성이 높아진다. 즉, 정서적 발달(emotional development)이 지연되거나 정체되면서, 이는 연쇄적으로 지적 발달(intellectual development)에 영향을 미칠 수 있다. 심한 경우 신체 발달(physical development)까지 저해될 수 있다. 결국, 이러한 발달상의 어려움은 아동의 전반적인 성장과 발달을 저해하며, 이는 성인이 된 후에도 지속적인 영향을 미칠 수 있다.

심리치료가 어떻게 도움이 될 수 있는가

심리치료는 성인이 된 내담자에게 어린 시절 경험하지 못한 '충분히 좋은' 초기 관계를 재현함으로써 정서적 회복을 돕는다. 이는 단순히 신체적인 접촉(예: 포옹)을 의미하는 것이 아니라, 일관되고 신뢰할 수 있는 존재로서 내담자의 고통, 분노, 불안과 같은 감정을 받아들이고 견뎌내는 과정을 의미한다. 이를 통해 치료자는 내담자가 초기 애착 관계에서 경험하지 못했지만 정서적 발달에 필수적인 심리적 경험을 제공할 수 있다.

심리치료자는 무조건적인 긍정적 존중(unconditional positive regard)을 바탕으로 내담자의 감정적 요구에 반응하며, 내담자의 고통과 행동을 담아내어 주고(holding), 함께 견뎌낼 수 있는 안정적인 환경을 제공해야 한다.

시간이 지나면서, 내담자는 점차 치료자를 신뢰하고, 치료자의 의견을 가치 있게 여기기 시작하며, 이 단계에 이르면 본격적으로 자신의 문제를 탐색할 준비가 된다. 그러나 이러한 '충분히 좋은' 치료적 관계를 형성하는 데는 상당한 시간이 필요할 수 있으며, 심리치료자는 몇 개월 동안 내담자를 만나면서 신뢰를 구축해야 할 수도 있다. 이러한 신뢰 형성 과정은 '사전 치료 관계(pre-therapy relationship)'라고 불린다.

만약 내담자가 특정 발달 단계에서 정서적 성장이 멈추거나('고착'), 또는 정서적 발달이 심각하게 지연된 상태('정지')라면, 심리치료자는 이러한 정서적 발달이 중단된 시점을 정확히 파악하는 것이 중요하다. 이후, 치료자는 내담자가 해당 발달 단계에서 필요했지만 경험하지 못했던 심리적 지원을 제공함으로써, 정서적으로 성장할 수 있도록 돕는다.

특히, 학습 장애를 가진 내담자를 치료하는 과정에서, 심리치료자들은 종종 정서적 발달뿐만 아니라 인지적 발달까지 향상되는 모습을 목격한다. 이는 정서적 성장과 인지적 발달이 밀접하게 연결되어 있기 때문이며, 내담자가 정서적으로 성장할 기회를 갖게 되면 발달 과제(developmental tasks)를 수행하며 점진적으로 앞으로 나아갈 수 있기 때문이다. 비록 이러한 과정이 아동기 이후, 성인이 된 후에 이루어질 수도 있지만, 여전히 의미 있는 성장과 회복의 과정이 될 수 있다.

Chapter

02 애착과 안전기지
: 존 볼비(John Bowlby)의 연구

존 볼비(John Bowlby)는 1960~70년대에 활동했던 심리학자로, 위니컷과 동료 관계였다. 그는 애착 이론(attachment theory)으로 널리 알려져 있으며, 이와 관련된 여러 저서를 집필했다. 그의 주요 저작들은 이후 《안전기지(A Secure Base)》(1988)라는 책으로 묶여 출간되었다.

볼비의 연구는 오늘날 아동 양육과 입원 아동 관리에 대한 현대적 접근법에 큰 영향을 미쳤다.

정서적 유대(Affectional Bonds)와 애착(Attachment)

볼비는 인간이 본능적으로 다른 사람과 '정서적 유대'를 형성하려는 경향(또는 '추동')을 가지고 있다고 주장했다. 이는 타인과의 깊고 친밀한 관계를 형성하려는 자연스러운 욕구를 의미한다. 정서적 유대가 형성되면 두 사람 사이에 애착이 생기게 된다. 이러한 유대 형성과 애착은 인간의 사회적·정서적 삶의 근본적인 토대가 된다.

STOP AND THINK

정서적 유대와 애착이 인간의 감정적·사회적 경험의 기초가 되는 이유를 생각해 봅시다. 유대가 필요한 관계의 유형을 목록으로 정리해 봅시다.

20세기 후반까지, 아기들은 생후 1년이 지나야 비로소 애착을 형성한다는 믿음이 일반적이었다. 그러나 볼비는 이에 반대하며, 신생아가 태어난 순간부터 '근접 유대(proximal bonds)'를 형성하기 시작한다고 주장했다. 이러한 유대는 대개 부모와 맺어지며, 일단 형성되면 평생 지속되는 견고한 관계가 된다. 아이가 맺는 첫 번째 유대를 '초기 애착(primary attachments)'이라고 하며, 이는 아기의 생존에 필수적이다. 신생아는 부모의 양육과 보호 없이는 생존할 수 없기 때문이다.

만약 아이가 건강하고 강한 초기 애착을 형성하면, 이후 평생 동안 타인과 유대와 관계를 형성하는 능력을 갖게 된다. 따라서 애착 형성 과정은 정신 건강과 정서적 안정의 중요한 기반이 된다. 반면, 이 과정에서 방해나 결핍이 발생하면, 타인과의 관계 형성에 어려움을 겪게 되며, 이는 정서적·심리적 문제로 이어질 수 있다.

긍정적이고 강한 초기 애착이 형성되기 위해서는, 주 양육자가 아이와 함께 충분한 시간을 보내며, 지속적으로 신뢰할 수 있고 일관된 돌봄을 제공해야 한다. 구체적으로, 양육자는 아이에게 일관성(consistency), 신뢰성(reliability), 긍정적인 태도(positivity), 그리고 격려(encouragement)를 제공해야 한다.

이러한 환경이 조성될 때, 아이는 양육자와의 애착 관계에서 안정감과 안전감을 경험할 수 있다. 여기서 중요한 것은 정서적 관계의 질이며, 가정 내에서 제공되는 음식, 장난감 등의 물질적 요소(material trappings)가 아니라는 점이다.

이와 같이 형성된 안정 애착(secure attachment)은 가장 바람직하고 유익한 애착 유형으로, 아이가 건강한 자아감과 '나는 충분히 괜찮은 존재다(good enough)'라는 자기 인식을 발전시키도록 돕는다. 이러한 안정 애착을 기반으로 성장한 아이는 타인과 건강한 관계를 형성할 수 있는 능력을 가지게 되며, 성인이 되어서도 정서적으로 안정된 인간관계를 맺을 가능성이 높아진다.

안전기지

일단 초기 애착이 형성되고, 아이가 이 관계 속에서 안전감과 안정감을 느끼게 되면, 볼비가 말한 '안전기지(secure base)', 또는 '안전한 기반(safe base)'을 갖게 된다. 이는 특정한 물리적 장소가 아니라, 아이가 안정감을 느끼는 실제적인 관계를 의미한다. 중요한 것은 장소 자체가 아니라, 아이와 양육자가 함께하며 서로에게 충분한 애정과 관심을 느끼는 관계 속에서 애착이 형성된다는 점이다.

아이들은 이 안전기지를 기반으로 세상을 탐색할 용기를 얻는다. 즉, 아이는 언제든지 돌아갈 수 있는 안정적인 관계가 있다는 확신이 있을 때, 보다 자유롭게 세상을 경험하고 성장할 수 있다. 이 개념은 위니컷이 말한 '충분히 좋은 어머니(good enough mother)'가 아이에게 세상을 탐색할 수 있는 안전감을 제공하는 것과 매우 유사한 개념이다.

STOP AND THINK

어린아이가 독립성을 키우기 시작할 때, 부모로부터 멀어져 세상을 탐색하면서도 계속해서 부모를 돌아보며 확인하고, 때때로 다시 부모에게 달려가는 모습을 떠올려 봅시다. 이러한 행동은 아이가 자신의 '안전기지(safe base)'로 돌아가는 대표적인 예시입니다.

독립성의 성장

볼비는 "애착의 궁극적인 목표는 분리(detach)이다"(1988)라고 말했다. 이는 아이가 주 양육자와 강한 정서적 유대를 형성한 후, 성장 과정에서 점차적으로 분리되어 독립성을 키우는 과정을 의미한다. 이러한 분리를 통해 아이는 성인이 되었을 때 친구, 배우자, 자녀 등과 새로운 관계를 형성할 수 있는 능력을 갖추게 된다. 건강한 방식으로 독립하고 성인이 되어 타인과 건강한 관계를 맺으려면, 먼저 주 양육자와 안정적인 애착을 형성하고, 이후 자연스럽게 분리되는 과정을 거쳐야 한다. 즉, 건강한 자아감을 형성하기 위해서는 초기 애착 관계가 충분히 안정적이어야 하며, 이를 바탕으로 다른 건강한 관계를 맺을 수 있는 기반이 마련된다.

안정적인 초기 애착의 이점

강하고 안정적인 애착 관계를 형성한 아이는 평생 동안 건강한 관계를 맺을 수 있는 능력을 갖추게 된다. 이러한 애착은 자신감과 독립심을 길러주며, 나아가 자기 자신을 긍정적으로 인식하는 태도를 형성한

다. 안정적인 애착을 경험한 아이는 성인이 되었을 때,

"나는 괜찮은 사람이야. 나는 충분히 좋은 삶을 살아갈 수 있어"라는 건강한 자기 인식을 가지게 된다. 이러한 자기 수용(self-acceptance)은 어린 시절 양육자로부터 긍정적인 피드백과 안정적인 애착 경험을 통해 형성된다.

이러한 자기 신뢰는 이전에 논의한 위니컷의 강박적 자기 의존(compulsive self-reliance)과 구별되어야 한다. 강박적 자기 의존은 타인을 신뢰하지 못하고 오직 자기 자신에게만 의존하는 상태를 의미하며, 이는 결국 심리적 문제를 초래할 수 있다. 반면, 건강한 자기 신뢰는 타인과 협력할 수 있는 능력을 포함하는 개념이다.

안정적인 초기 애착을 경험한 사람은 타인과 협력하고, 함께 일하는 능력을 갖추게 된다.

이들은 자신감이 있으며, 집단 내에서 위협을 느끼지 않고 원활하게 소통할 수 있기 때문에 훌륭한 '팀 플레이어'가 될 가능성이 높다. 즉, 이들은 '주고받는(give and take)' 관계에 능숙하며, 과하게 의존적이지도, 지나치게 독립적이지도 않은, 상호의존적(interdependent) 성향을 갖는다. 이러한 균형 잡힌 성격 덕분에, 이들은 타인과 협력하며 조화롭게 살아가는 능력을 갖추게 된다.

애착 지도(Attachment Maps)

성인이 되어서도 우리는 서로 애정과 존중을 나누며, 있는 그대로의 자신을 표현하고 받아들여질 수 있는 안정적인 애착 관계를 필요로

한다. 대부분의 사람들에게, 이러한 건강한 애착을 형성하는 최적의 대상은 약 6~10명 정도이다. 이러한 애착 관계를 시각적으로 도식화한 것을 '애착 지도(attachment map)'라고 한다. 애착 지도는 개인이 형성한 주요 애착 관계를 한눈에 보여주는 도구로, 우리의 사회적·정서적 연결망이 어떻게 형성되어 있는지 시각적으로 이해하는 데 도움을 줄 수 있다.

STOP AND THINK

나의 애착 지도(Attachment Map)를 만들어 봅시다. 큰 원을 그린 후, 중심에 자신의 이름을 적어봅니다. 자신이 애착을 느끼는 사람들의 이름을 원 안에 배치하되, 가까운 사람일수록 중심에 가깝게 배치합니다.
이제, 같은 방법으로 학습 장애가 있는 사람의 애착 지도를 만들어 봅시다. 아마도 그들의 애착 지도에는 관계의 수가 훨씬 적거나, 원의 중심에 위치한 사람들이 대부분 직업적으로 돌봄을 제공하는 유급 돌봄 제공자일 가능성이 높습니다. 이러한 상황이 학습 장애가 있는 사람들에게 어떤 감정을 불러일으킬지 생각해 봅시다. 그들은 자신의 삶에 중요한 사람들이 돈을 받고 자신을 돌보고 있다는 사실을 어떻게 인식할까요? 또한, 이러한 관계가 그들의 정서적 안정감과 애착 형성에 어떤 영향을 미칠 수 있을까요?

분리(Separation)

볼비는 아이가 주요 애착 대상(primary attachment figure)을 잃었을 때 특정한 단계를 거치며 반응한다는 사실을 발견했다. 처음에는 격렬하게 반응하며 애착 대상이 어디 있는지 요구하는 항의(protest) 단계가 나타난다. 이 시기에 아이는 큰 소리로 울고, 소리를 지르며 강한 불안과 거부 반응을 보인다. 이후 절망(despair) 단계에서는 심한 정서적 고통과 절망감을 경험하며, 지속적으로 울부짖고 비통해하지만 다른 사람이 위로하려 해도 위안을 받지 못한다. 일정 시간이 지나도 애착 대상이 돌아오지 않으면, 아이는 점차 분리(detachment) 단계로 접어든다. 이때 아이는 애착 대상이 사라진 것을 더 이상 신경 쓰지 않는 듯한 태도를 보이며, 마치 그 존재가 중요하지 않은 것처럼 행동한다.

과거에는 이러한 반응을 보고 아이가 분리를 받아들이고 적응했다고 해석하기도 했지만, 볼비는 실제로 이는 애도(mourning) 또는 우울(depression) 상태로 접어든 것임을 발견했다. 이 단계에서 아이는 "포기"하고, 스스로가 버림받았다는 현실을 받아들이는 것이다.

애착 대상이 다시 돌아오면, 아이는 즉시 기뻐하는 것이 아니라 처음에는 불안감과 불신을 보일 수 있다. "또 버려질까?"라는 불안을 느낄 수 있으며, 애착 대상의 복귀에 대해 혼란스러워하거나 거리감을 두는 반응을 보이기도 한다. 그러나 아이가 안정적인 애착을 형성한 경우, 이러한 불안감은 빠르게 사라지고 곧 애착 대상과의 재회를 기뻐하며 안정을 되찾는다.

아이에게 이러한 분리 경험을 제대로 이해하고 소화할 수 있도록 도와주는 것이 매우 중요하다. 적절한 감정 표현과 안정을 제공하지 않으면, 아이는 지속적인 불안을 겪을 위험이 높아진다. 따라서 애착 대상이 사라졌다가 다시 돌아오는 경험을 할 때마다, 아이가 감정을 적절히 표현할 수 있도록 돕고, 재확신(reassurance)을 제공하는 과정이 필요하다.

STOP AND THINK

볼비(Bowlby)의 연구 이전에는 병원에서 아이가 입원할 경우, 부모는 아이를 두고 떠나도록 권장되었으며, 병문안을 자주 오지 않는 것이 일반적인 절차였습니다. 때때로 아이들은 오랜 기간 동안 병원에 머물러야 했습니다. 이러한 환경은 아이들에게 어떤 영향을 미쳤을까요?
볼비의 연구 이후, 병원에서는 부모가 아이와 함께 머물거나, 최소한 자주 방문할 것을 적극 권장하게 되었습니다. 오늘날 많은 병동에서는 부모가 함께 잘 수 있는 시설을 마련하거나, 자유로운 면회 시간을 제공하여 아이들이 애착 관계를 유지할 수 있도록 지원하고 있습니다.

불안정한 애착(Insecure Attachment)

애착은 심리적 발달의 핵심 요소이며, 애착이 불안정하거나 정서적 유대가 끊어질 경우 그 영향은 매우 크다. 아이가 부모와 애착을 형성하려면 부모는 신뢰할 수 있고 일관되며, 물리적으로 충분히 함께 있어야 한다. 만약 부모가 이러한 역할을 하지 못하면, 아이의 애착은 불안정하게 형성되거나, 아예 형성되지 않을 수도 있다.

안정적인 애착이 없는 아이는 세상을 탐색하고 사회적 관계를 맺는 데 필요한 안전기지를 확보하지 못한다. 이러한 아이들은 분리 상황에서 독특한 반응을 보이는데, 특정한 애착 대상이 아니라 주변에 있는 누구에게나 의존하려는 경향을 보인다. 안정적인 애착을 형성한 아이들은 특정한 사람(예: 부모)이 자신에게 안전과 보호를 제공한다는 것을 인식하지만, 불안정하게 애착된 아이들은 이러한 구분을 하지 못하고 누구에게나 쉽게 다가간다. 이는 아이를 매우 취약한 상태로 만들 수 있다.

또한, 불안정하게 애착된 아이들은 매우 집착하는 경향을 보이며, 마치 함께 있는 사람을 놓치지 않으려 애쓰는 것처럼 행동한다. 이들은 유치원이나 학교에 가는 것을 어려워하는 경우가 많다. 이는 부모가 언제나 곁에 있을 것이라는 확신이 없기 때문이며, 특히 '엄마가 집에서 기다려 줄까?'와 같은 불안을 지속적으로 경험한다.

이러한 애착 스타일을 가진 아이들은 자기 확신이 부족할 가능성이 크다. 안정적인 애착을 형성한 아이들처럼 '나는 괜찮은 존재야' 혹은 '나는 충분히 좋은 사람이야'라는 긍정적인 자기 인식을 가지기 어렵다. 그 결과, 관계에서 '주고받기'를 어려워하며, 성인이 되어서도 타인과의 애착을 어렵게 느낄 수 있다. 어떤 경우에는 관계가 피상적이고 깊이가 없거나, 반대로 지나치게 소유욕이 강해지는 경향을 보일 수도 있다.

때때로, 이러한 사람들은 '희생자(martyr)'처럼 행동하며, 자신보다 타인을 돕고 돌보는 것에 집착하는 모습을 보인다. 이는 본질적으로 어린 시절 충분히 인정받거나 주목받지 못한 경험에서 기인한 것일 가능성이 크다. 자신이 타인을 돕고 그 대가로 인정받을 때 비로소 '존재를 확인받는 경험'을 하게 되는 것이다. 이러한 성향은 종종 돌봄 직군(caring professions)에서 두드러지며, 이들은 타인을 돌보는 것이 본인의 병적인 욕구(pathological need)로 자리 잡은 경우가 많다.

영구적인 분리(Permanent Separation)

볼비는 생후 15개월에서 30개월 사이가 강하고 안정적인 애착을 형성하는 데 가장 중요한 시기라고 보았다. 이 시기의 아이들은 이제 스스로 걸을 수 있게 되면서 세상을 탐색하기 시작하지만, 그 과정에서 안전기지(secure base)로 돌아갈 필요가 있다. 만약 이때 애착 대상이 지속적으로 곁에 있어주지 않는다면, 아이는 탐색 행동을 멈추고, 우울감을 느끼며, 타인과의 상호작용을 피하게 된다.

앞서 애착 대상과의 일시적인 분리에 대한 아이의 반응을 살펴보았지만, 이 중요한 시기에 6개월 이상 지속되는 장기적 분리가 발생하거나, 반복적으로 분리를 경험하거나, 애착 대상과의 영구적인 단절(예: 사망, 버려짐)이 발생하면, 아이는 '병리적 애도(pathological mourning)' 단계로 들어가게 된다. 이 단계에 들어선 아이는 새로운 애착을 형성하는 것이 어려워지고, 점점 타인과의 정서적 유대에서 멀어지는 경향을 보인다. 그 결과, 타인과 지나치게 독립적이거나(과도한 자기 의존), 완전히 정서적으로 분리된 상태가 된다. 이러한 상태는 '영구적 단절(permanent detachment)'이라고 불리며, 적절한 개입이 이루어지지 않으면 이후의 삶에서 새로운 애착을 형성하는 것이 거의 불가능해질 수 있다.

이러한 '영구적 단절' 혹은 '병리적 애도' 상태는 어린 시절 심각한 분리를 경험한 사람들에게서 종종 발견된다. 특히, 아동 보호 시설에 맡겨지거나(초기 양육자를 떠나야 했던 경우) 이러한 심리적 반응이 두드러질 수 있다.

병리적 애도 상태에 있는 사람들은 일반적인 상실(grief) 과정에서 나타나는 복합적인 감정(예: 분노, 슬픔, 좌절)을 경험하지 못하고, 대신 그저 상실을 기정사실로 받아들이는 태도를 보인다. 그들의 정서적 반응은 무뎌지며, 감정적 평탄함(flatness)이 두드러지게 나타난다. 이는 분노와 절망, 깊은 슬픔과 같은 감정을 억압한 결과일 가능성이 크다.

성인이 된 후, 이러한 사람들은 대인관계를 맺는 데 어려움을 겪으며, 친밀한 사랑이나 우정을 형성하지 못하는 경우가 많다. 이들은 종종 우울증이나 경계선 성격장애(borderline personality disorder, BPD)로 진단될 수 있지만, 실질적으로는 '잃어버린 자아(lost self)'에 대한 지속적인 애도 상태에 머물러 있는 것이다. 이는 애착 관계가 너무 이른 시기에 단절되었을 경우, 그 사람이 성장하면서 형성했어야 할 자아가 제대로 발달하지 못했음을 의미한다.

병리적 양육(Pathological Parenting)

일부 사람들은 어린 시절 부모 또는 주 양육자가 곁에 있었음에도 불구하고 심리적 어려움과 정서적 고통을 겪는다. 볼비는 이를 '병리적 양육'이라고 명명했는데, 이는 부모가 아이를 양육하는 방식 자체가 아이의 정신적 고통과 심리적 문제를 초래했음을 의미한다.

반응하지 않는 부정적인 부모(Unresponsive, Negative Parents)

부모가 단순히 곁에 있는 것만으로는 충분하지 않으며, 일관된 반응성과 긍정적인 태도가 필요하다. 만약 부모가 지속적으로 아이에게 무관심하거나 거부적이고 부정적인 태도를 보인다면, 아이는 자신에게 문제가 있다고 믿게 된다. 특히 어린 아이들은 부모의 행동을 합리적으로 해석할 능력이 부족하기 때문에, 부모의 태도를 그대로 내면화하며 성장하게 된다. 이는 아이가 자라면서 자신을 '충분히 괜찮은 존재'라고 느끼는 능력에 부정적인 영향을 미친다.

일관성 없는 양육(Inconsistent Parenting)

부모나 초기 애착 대상이 질병이나 기타 이유로 간헐적으로 사라졌다가 돌아오는 경우, 아이는 부모가 신뢰할 만한 존재인지 알 수 없게 된다. "엄마는 내일 아침에도 있을까?", "다음 주에도 함께 있을까?"라는 불안을 지속적으로 경험하게 되며, 이러한 불확실성은 아이가 안정적인 애착을 형성하는 데 큰 장애물이 된다. 결국, 애착이 불안정해지면서 정서적 성장과 발달 과정에 부정적인 영향을 미친다.

위협적인 훈육(Making Threats)

때때로 부모는 아이가 말을 듣지 않을 때 "계속 그러면 너 안 사랑할 거야" 같은 말을 하며 훈육하려 한다. 물론 부모가 실제로 그런 감정을 갖고 있지는 않겠지만, 아이가 이런 말을 반복적으로 듣게 되면 자신이 사랑받을 자격이 없는 존재라고 믿게 될 위험이 크다. 이러한 경험은 성인이 되어서도 자신을 사랑받을 가치가 없는 존재라고 인식하게 만들 수 있으며, 자존감과 정서적 안정감에 심각한 영향을 미칠 수 있다.

특히, "착해야만 사랑해", "깨끗해야만 사랑해" 등의 조건부 사랑을 표현하는 위협적 발언은 아이가 성인이 되어서도 끊임없이 '충분히 좋은 존재'가 되려고 애쓰는 강박적 성향을 가지게 만들 수 있다. 이로 인해 일부 사람들은 강박적인 청결 행동(예: 과도한 청소)이나 완벽주의적 행동을 보이며, 이는 심리적 부담으로 작용할 수 있다.

버리겠다는 위협(Threats to Abandon)

어린아이를 훈육하는 과정에서, 부모가 "말 안 들으면 여기 두고

갈 거야" "안 오면 너 빼고 갈 거야" 같은 말을 하는 경우가 있다. 대부분의 부모는 실제로 그렇게 할 의도가 없지만, 어떤 경우에는 실제로 아이를 혼자 두고 떠나는 부모도 있다.

이러한 버림받음에 대한 위협이 반복되거나 실제로 실행될 경우, 아이는 심리적으로 감당할 수 없는 공포를 경험하게 된다. 그 결과, 아이는 매우 집착적인 성향을 보이거나, 타인을 쫓아다니며 관계를 유지하려는 강한 불안을 가지게 된다. 성인이 되어서도 타인에게 지나치게 의존하거나, 반대로 버림받는 것에 대한 두려움 때문에 유해한 관계에서도 벗어나지 못하는 모습을 보일 수 있다.

자해, 살해, 자살 위협(Threats to Kill, Harm, or Commit Suicide)

어린아이는 부모의 말에 대한 비판적 사고가 부족하므로, "넌 날 미치게 만들어" "너 때문에 내가 죽을 것 같아" "또 그러면 널 죽여 버릴 거야" 같은 말을 듣게 되면 이를 그대로 받아들일 수밖에 없다. 부모가 순간적인 감정에 휩쓸려 한 말이라 할지라도, 아이에게는 심리적으로 심각한 영향을 미친다. 부모의 감정을 이해할 수 없는 아이는 자신이 부모를 힘들게 하는 존재라고 믿게 되며, 이는 자기 비난과 죄책감을 형성하는 원인이 될 수 있다.

비난(Blaming)

비슷한 맥락에서, 부모가 "너 때문에 내가 이렇게 된 거야" "네가 날 이렇게 힘들게 만들었어" 같은 말을 자주 하면, 아이는 자신이 타인에게 고통을 주는 존재라고 믿으며 죄책감을 가지게 된다. 이러한 경험은 아이의 심리적·정서적 발달뿐만 아니라 정신 건강에도 부정적인 영향을 미친다.

병리적 양육은 아이에게 심각한 영향을 미칠 수 있다. 이는 아이의 자아감과 성장 과정에 영향을 주며, 이후 그들이 어떤 사람이 되는지에도 큰 영향을 미친다. 또한, 미래의 대인관계, 즉 우정과 친밀한 관계뿐만 아니라, 자신이 부모가 되었을 때 자녀와의 관계에도 영향을 미칠 수 있다. 병리적 양육을 경험한 아이들은 자신이 충분하지 않다고 느끼거나, 사랑받을 자격이 없다고 생각하거나, 깊은 죄책감을 안고 살아갈 가능성이 크다. 그러나 안타까운 점은, 이들이 원래부터 부족하거나 사랑받을 자격이 없는 존재였던 것이 아니라, 부모의 양육 방식이 그들에게 이러한 심리적 어려움을 남겼다는 것이다.

애착과 장애를 가진 사람들

장애를 가진 아동은 여러 가지 요인으로 인해 주 양육자와 애착을 형성하는 과정에서 어려움을 겪을 수 있다. 첫째, 아동은 일시적 보호(respite care)나 병원 입원으로 인해 부모와 자주 분리되는 경험을 할 가능성이 높다. 이러한 반복적인 분리는 부모와 일관된 시간을 보내며 안정적인 애착을 형성할 기회를 제한할 수 있다. 둘째, 장애 자체, 특히 신체적 장애는 아이가 부모와 가까운 거리를 유지하거나, 부모가 방을 나갈 때 쫓아가는 행동을 어렵게 만들 수 있다. 부모의 입장에서 이는 아이가 움직이지 않기 때문에 항상 아이의 위치를 신경 쓰지 않아도 된다는 점에서 안도감을 줄 수 있지만, 장기적으로는 아이의 애착 형성과 정서적 안정감에 영향을 미칠 가능성이 크다. 셋째, 이동성(mobility)에 영향을 주는 신체적 장애는 아이가 안전기지로부터 세상을 탐색하는 능력을 제한할 수 있다. 보통 아이들은 부모의 보호 아래 자유롭게 환경을 탐색하며 독립성과 자신감을 키우지만, 신체적 장애로 인해 이동이 어렵다면 탐색 행동이 제한될 수 있으며, 이는 사회적·정서적 발달에도 영향을 미칠 수 있다.

장애를 가진 아동을 양육하는 것

부모가 된다는 것은 누구에게나 삶의 커다란 변화이며, 때때로 극심한 스트레스와 부담감을 느끼게 할 수 있다. 장애를 가진 아동을 키우는 경우, 이러한 스트레스와 걱정이 더욱 커질 수 있다. 또한, 부모는 자신이 기대했던 '완벽한 아이'를 상상했던 것과 현실이 다름을 받아들이는 과정에서 심리적 상실을 경험할 수 있으며, 장애를 받아들이는 데 어려움을 겪을 수도 있다. 이러한 상황에서 부모는 매일의 삶을 유지하는 것조차 힘들게 느껴질 수 있다. 심한 스트레스 속에서, 부모는 의도하지 않았던 말이나 상처를 주는 표현을 하게 될 가능성이 높으며, 이는 볼비가 설명한 '병리적 양육'의 형태로 나타날 수 있다.

특히, 학습 장애를 가진 아동의 경우, 부모가 하는 말의 의미를 이해하거나 상황을 논리적으로 해석하는 능력이 더 제한적일 수 있다. 이러한 상황은 아동이 더욱 불안정한 환경에 놓이게 만들며, 궁극적으로 자아감 형성 과정에 부정적인 영향을 미칠 수 있다.

학습 장애가 있는 부모

사회는 종종 학습 장애가 있는 성인은 부모로서의 기술과 능력이 부족하다고 인식한다. 이러한 인식은 그들의 자녀가 보호 시설이나 위탁 가정으로 보내지는 결과로 이어질 수 있으며, 이는 부모에게 심각한 정서적 충격을 줄 수 있다. 또한, 아이에게도 심리적으로 큰 상처와 부정적인 영향을 미칠 수 있다.

오늘날에는 정서적 유대의 중요성과, 아이가 보호 시설로 보내질 경우 겪을 수 있는 부작용에 대한 인식이 높아지면서, 사회 복지 서비스는 학습 장애가 있는 부모가 자녀를 양육할 수 있도록 지원하는 데 더욱 집중하고 있다. 이를 통해 아이들이 부모와 함께 성장할 수 있도록 돕고, 정서적 유대가 단절되지 않도록 하는 것이 목표이다.

볼비(Bowlby) 치료

사람들은 어떤 형태의 심리적 고통(distress)을 경험하면서 심리치료를 찾게 된다. 이 고통은 때때로 양육 과정에서의 실패(failed parenting)로 인해 발생할 수 있으며, 이는 부모의 의도와는 무관할 수도 있다. 대부분의 부모는 주어진 상황에서 최선을 다하지만, 현실적으로 질병, 이혼, 또는 기타 삶의 어려움을 겪으며 충분한 양육을 제공하지 못할 수도 있다. 심리치료의 목적은 부모를 비난하는 것이 아니라, 내담자가 자신이 어떤 경험을 했으며, 그 경험이 자신의 대인관계 형성 및 타인과의 상호작용 능력에 어떤 영향을 미쳤는지를 이해하는 것이다. 치료 과정에서는 내담자가 가족 안에서의 경험을 되돌아보고, 그들이 어떻게 생존하고 대처했는지를 탐색하는 과정이 포함된다. 어린 시절, 아이들은 특정한 방식으로 생존하고 적응해야 했고, 이는 어릴 때는 효과적이었지만, 성인이 된 후에는 더 이상 유용하지 않거나 오히려 문제를 야기하는 경우가 많다. 심리치료를 통해 이러한 패턴을 인식하게 되면, 내담자는 자신의 삶과 관계에서 긍정적인 변화를 시도할 수 있는 기회를 얻게 된다.

심리치료자는 일관성(consistency), 신뢰성(reliability), 긍정성(positivity), 그리고 무조건적인 지지(unconditional support)를 제공함으로써, 치료 관계 자체가 내담자에게 '안전한 기지'가 될 수 있도록 돕는다. 이러한 경험은 이전에 안정적인 애착을 형성하지 못했던 사람들에게 매우 중요한 과정이 될 수 있다. 치료적 관계 안에서, 내담자는 현재 자신의 삶에서 일어나는 문제를 탐색하고, 그것이 어디에서 기인했는지를 이해하는 과정을 거치게 된다. 만약 내담자가 계속해서 유해하거나 파괴적인 인간관계를 반복하는 이유, 혹은 자신에게 해로운 행동 패턴을 지속하는 이유를 이해하게 된다면, 그는 이제 새로운 선택을 할 수 있는 힘을 가지게 된다. 이를 통해, 기존의 반복적인 문제에서 벗어나 건강한 방식으로 관계를 맺고, 더 나은 삶을 선택할 기회를 얻을 수 있다.

볼비는 애착의 어려움으로 인해 발생한 심리적 손상을 어느 정도 회복할 수 있다는 희망을 제시했다. 개인의 성격이 완전히 파괴되지 않았다면, 심리치료 과정에서 새로운 형태의 애착을 형성함으로써 의미 있는 변화를 경험할 가능성이 있다. 그러나, 어떤 사람들은 애착이 병리적인 수준으로 손상되어, 강한 정서적 유대나 애착을 형성하는 능력 자체를 상실한 경우도 있다. 이는 매우 안타까운 상황이며, 바꿀 수 없는 현실이다. 그러나 심리치료는 이들에게 자신의 상태를 이해하고, 왜 이러한 일이 발생했는지 깨닫는 기회를 제공할 수 있다. 이러한 이해가 이루어지면, 그들은 이 현실을 받아들이고, 자신의 삶 속에서 그것을 수용하며 살아가는 법을 배울 수 있게 된다.

심리치료 속 장애를 가진 사람들

장애를 가진 사람들은 대개 안정적으로 애착을 형성한 사람이 많지 않은 경우가 많다. 앞서 논의했듯이, 대부분의 사람들은 자신을 있는 그대로 받아주고 애착을 형성할 수 있는 대상이 최소한 6~10명 정도 필요하다. 그러나 학습 장애가 있는 많은 사람들은 이러한 애착 관계의 수가 훨씬 적다. 이들에게 가장 가까운 관계는 돌봄을 제공하는 유급 직원과 맺어진 경우가 많지만, 이러한 돌봄 제공자는 직장을 옮기거나 떠나는 경우가 많아 지속적인 관계를 유지하기 어렵다.

심리치료를 받는 동안, 내담자에게 치료자는 삶에서 가장 중요한 사람이 될 수도 있다. 치료자는 내담자에게 긍정적인 피드백을 제공하며, 그들이 '나는 충분히 괜찮은 사람이다'라는 자아감을 형성할 수 있도록 돕는 역할을 한다.

볼비와 위니컷의 연구는 지지적인 정서적 환경과 심리치료가 초기 경험에서 비롯된 심리적·정서적 손상을 어느 정도 회복할 수 있는 방법을 제시한다. 심리치료를 통해 내담자가 어린 시절 경험하지 못했던 것들을 일부라도 경험할 수 있도록 돕는 것이 중요하다. 이러한 경험이 쌓이면, 정서적 발달이 촉진될 수 있으며, 최근 연구에 따르면 이는 인지적 발달에도 긍정적인 영향을 미칠 수 있다.

위니컷과 볼비의 연구 - 마무리 논의

볼비와 위니컷의 연구는 인간의 초기 경험이 평생의 정신 건강에 얼마나 중요한지를 이해하는 데 지대한 영향을 미쳤다. 최근 연구들은 이러한 이론을 더욱 뒷받침하고 있다. 1989년 루마니아에서는 부모가 경제적 어려움으로 아이들을 돌볼 수 없어 버려진 고아원들이 다수 발견되었다. 이 고아원들은 극심한 인력 부족을 겪고 있었으며, 많은 아이들이 거의 또는 전혀 돌봄을 받지 못한 채, 하루 종일 침대에서 혼자 시간을 보내야 했다. 이러한 아이들은 성장하면서 심각한 정서적, 신체적, 인지적 문제를 보였으며, 타인과 애착을 형성하거나 사회적 관계를 맺는 데 어려움을 겪었다. 최근 연구에서 이러한 아이들을 추적한 결과, 많은 이들이 이러한 어려움을 성인기까지 지속적으로 겪고 있음이 밝혀졌다(psychologyhub.co.uk). 흥미로운 점은, 침대를 공유한 아이들이 그렇지 않은 아이들보다 상대적으로 더 나은 발달을 보였다는 것이다. 이는 적어도 다른 인간과의 접촉(contact)이 존재했기 때문일 가능성이 크다.

2004년, 수 게르하르트(Sue Gerhardt)는 Why Love Matters라는 책을 출간하며, 애착과 초기 관계가 뇌에 미치는 영향을 뇌영상 기술(brain imaging technology)을 통해 연구한 최신 연구 결과를 논의했다. 연구에 따르면, 사랑과 신체적 접촉(love and touch)은 뇌의 성장과 신경 연결(신경 가소성, neural connectivity) 발달을 자극한다는 사실이 밝혀졌다.

반면, 충분히 좋은 양육을 받지 못하거나 불안정한 애착을 경험한 아이들의 뇌는 정상적인 방식과는 다르게 발달한다. 뇌세포 간 연결(neural connections)이 영향을 받으며, 스트레스 및 기분 조절을 담당하는 뇌 영역도 정상적으로 발달하지 못한다. 이는 아이의 발달적 어려움을 초래할 뿐만 아니라, 이후 성인이 되었을 때 스트레스와 정신 건강 문제(예: 우울증)에 더욱 취약한 뇌 구조를 가지게 만든다.

위니컷과 볼비의 연구는 단순한 이론적 영향을 넘어, 정부 정책에도 반영되었다. 많은 국가에서 어머니에게 1년의 출산 휴가를 제공하고, 아버지의 육아 휴직을 장려하는 정책을 시행하고 있다. 이러한 변화는 아기가 부모와 긴밀하고 중요한 초기 애착을 형성할 수 있도록 돕는 데 목적이 있다.

Chapter

03 생물학적 출생에서 심리적 출생까지
: 마가렛 말러(Margaret Mahler)의 연구

마가렛 말러는 1970년대 미국에서 활동한 정신분석가였다. 그녀는 출생부터 5세까지의 아동과 주 양육자 간의 상호작용을 관찰하는 연구실을 운영하며, 이를 통해 아동이 거치는 정서 발달의 단계를 이해할 수 있었다. 또한, 각 발달 단계에서 나타나는 특정한 행동 특성을 설명할 수 있었다.

말러는 자신의 연구를 『인간 영아의 심리적 출생(The Psychological Birth of the Human Infant)』(1975)이라는 저서로 정리했다. 이 책은 아동의 생물학적 출생, 즉 신체적으로 태어나는 순간부터, 심리적 출생까지의 과정을 다루고 있다. 심리적 출생이란 아동이 개별적인 정체성을 형성하는 시점을 의미하며, 보통 만 3년 6개월경에 이루어진다. 말러는 이 시점을 '개별화(individuation)'라고 명명했다. 이는 위니컷이 설명한 '합리화(rationalisation)' 개념과 매우 유사하며, 아이가 정서 발달 단계를 거쳐 자신과 환경을 명확하게 사고할 수 있는 시점을 의미한다.

나는 말러의 연구를 학습 장애가 있는 사람들에 적용하는 방식으로 확장하여, 특정한 정서 발달 단계에서 '고착'이 발생하는 과정을 설명하

그림 3.1 개별화로 가는 길

공생기(Symbiotic)
- 연령: 신생아기, 생후 몇 주
- 마치 어머니와 아기가 여전히 연결되어 있는 것처럼 보임
- 어머니와 아동은 매우 밀접한 공생적(symbiotic) 관계에 있음
- 아동은 모든 욕구 충족을 어머니에게 의존

➡

분화기(Differentiation)
- 연령: 생후 몇 주 ~ 약 9개월
- 아기는 자신의 존재와 신체 일부에 대한 인식을 발달시키기 시작
- 손, 발, 때때로 성기를 바라보거나 가지고 놂
- 주변 환경(침대, 유모차, 장난감)에 대한 인식 시작
- 자신이 머무는 아주 작은 공간만을 인식함
- '자기 참조적 행동(self-referenced behaviors)'을 보이며, 다른 사람들은 자신의 욕구를 충족시키는 대상으로만 인식

➡

연습기(Practising)
- 연령: 약 9개월 ~ 15개월
- 아기는 새로운 행동을 점점 더 자주 시도하며, 딸랑이를 유모차에서 던지거나 몸을 뒤집는 등 새로운 기술을 연습하기 시작
- 새로운 기술을 완전히 숙달할 때까지 반복해서 연습한 후, 다음 기술로 넘어감
- 연습기에서는 누군가가 아이를 지켜보고 관심을 가져주는 것이 매우 중요. 만약 아이가 관심을 받지 못하거나 상호작용이 부족하면, 연습 빈도가 줄어들고 학습 속도가 느려질 수 있음

➡

재접근기(Rapprochement)
- 연령: 약 15개월 ~ 3.5세
- '주고받기(give and take)' 단계 – 아이가 주 양육자와 양방향의 상호적 관계를 형성하는 능력을 발달시키는 시기

초기 재접근기(Early rapprochement)	후기 재접근기(Late rapprochement)
• 연령: 약 15개월 ~ 2세 • 아이가 주고받기(give and take)의 개념을 배우기 시작 • "싫어"라고 말하거나, 부모에게서 멀어지는 행동을 보이며 양방향 관계 형성 시작 • 부모에게 도전하는 태도를 보이며, 흔히 '미운 두 살(Terrible Twos)'이라고 불림 • '까꿍 놀이(peek-a-boo)'나 '손바닥 놀이(round and round the garden)'처럼 상호작용이 필요한 놀이를 즐김	• 연령: 약 2세 ~ 3.5세 • 욕구를 협상하고, 요구하는 능력이 증가 • 점차 부모와 떨어져 지내는 거리를 늘려가며 독립성 강화 • 분리에 대한 불안은 있지만 조절할 수 있는 수준 • '정서적 재충전(emotional refuelling)'이 중요한 시기 → 부모가 제공하는 심리적 안정감이 아이의 자신감을 키움 • 부모로부터 점차 멀어지며 세상을 탐색하는 자신감을 키움

➡

개별화(Individuation)
- 아이가 부모와 분리될 수 있으며, 불안이 완전히 사라지지는 않지만 감당할 수 있는 수준이 됨
- 일부 아이들은 '재접근 위기(rapprochement crisis)'를 겪으며 개별화에 도달
- '심리적 출생(psychological birth)'의 시점 – 아이가 부모로부터 독립된 자신의 정체성을 형성하며, 심리적으로 더욱 자율적인 인간으로 성장할 준비가 된 단계

고자 한다. 본 장에서는 먼저 신경발달이 정상적인(neurotypical) 아동의 정서 발달 단계를 살펴본 후, 이를 학습장애가 있는 사람들에게 어떻게 적용할 수 있는지를 논의할 것이다. 또한, 개인의 정서 발달 단계를 평가하는 방법을 살펴보고, 마지막으로 정서 발달을 지원하고 촉진할 수 있는 개입(intervention) 방법을 제시할 것이다.

말러의 발달 단계 개요

공생기(Symbiotic Stage)

공생기는 출생 후 첫 몇 주 동안의 신생아기를 의미한다. 이 단계에서는 마치 어머니와 아이가 여전히 연결되어 있는 것처럼 보인다. 말러 등(1975)은 이 시기를 어머니와 아이가 매우 밀착된 관계를 형성하는 단계로 설명하며, 이를 공생적 관계라고 명명했다. 공생기 동안, 아이는 모든 욕구 충족을 어머니에게 전적으로 의존하며, 어머니와의 밀접한 관계 속에서 생존과 발달이 이루어진다.

분화기(Differentiation Stage)

분화기는 아기가 자신과 신체 일부에 대한 인식을 발달시키기 시작하는 단계이다. 이 단계는 생후 몇 주부터 약 9개월까지 지속된다. 이 시기의 아기들은 손과 발, 때때로 성기를 바라보거나 가지고 놀며, 자신의 신체를 탐색하기 시작한다. 또한, 자신이 있는 공간(예: 침대나 유모차)과 주변의 장난감을 인식하기 시작하지만, 여전히 매우 제한된 공간만을 인식하는 상태이다. 아기는 점차 자신이 이 작은 공간 안에서 존재하고 있음을 깨닫기 시작한다. 분화기에서 관찰되는 행동을 '자기 참조적 행동(self-referenced behaviors)'이라고 한다. 이는 아기가 모든 행동을 자기 자신을 중심으로 수행한다는 의미이다. 이 단계에서 아기는 타인을 의도적으로 조작하거나 영향을 미치려는 행동을 하지 않으며, 오직 자신의 필요를 충족시키기 위해 행동한다. 예를 들어, 아기가 울거나 소리를 지르면 주변 사람들이 반응하기는 하지만, 이는 타인을 조종하려는 것이 아니라 배고픔이나 추위 같은 자신의 욕구를 해결하기 위해 하는 행동이다. 즉, 아기는 다른 사람들이 자신의 욕구를 충족시켜 주는 존재로만 인식하며, 아직 본격적인 상호작용을 시도하지는 않는다.

연습기(Practising Stage)

아기의 뇌 발달은 매우 빠르게 진행되며, 이에 따라 새로운 행동을 지속적으로 익히고 연습하게 된다. 말러는 아기가 새로운 능력을 습득할 때, 이를 반복적으로 연습하며 숙달하려는 경향이 있음을 발견했다. 이 단계에서 아기는 새로운 기술을 익힐 때까지 계속 연습하며, 이를 숙달하면 다음 기술로 넘어간다. 예를 들어, 딸랑이를 유모차에서 던지고, 이를 반복하는 행동이 대표적이며, 이외에도 몸을 뒤집기, 기어 다니기, 서기 등의 행동이 포함된다. 연습기는 생후 약 9개월부터 15개월까지 지속되며, 이후에도 연습 행동이 나타날 수 있지만, 이 시기가 가장 집중적으로 연습이 이루어지는 단계이다. 아기가 하나의 행동을 숙달하면, 빠른 뇌 발달 덕분에 새로운 행동이 가능해지고, 아기는 이를 다시 연습하기 시작한다. 연습기 동안 아기의 행동을 관찰하고 관심을 가져주는 사람이 있는 것이 매우 중요하다. 말러는 아기가 누군가 자신을 지켜보고 있다고 인식할 때, 연습 행동을 더욱 지속적으로 수행한다는 사실을 발견했다. 반면, 아기가 주목받지 못한다고 느끼면 연습 빈도가 줄어들고, 새로운 행동을 익히는 속도가 느려질 수 있다.

재접근기(Rapprochement Stage)

'재접근'이라는 단어는 '주고받기(give and take)'를 의미하며, 이는 인간관계에서 가장 중요한 기술 중 하나이다. 이 단계에서 아이는 주 양육자와 양방향 상호작용을 하는 관계를 형성하기 시작한다. 재접근기는 생후 약 15개월부터 3년 6개월까지 지속되며, 초기 재접근기와 후기 재접근기로 나뉜다.

초기 재접근기(Early Rapprochement)

초기 재접근기는 아이가 본격적으로 '주고받기'의 개념을 배우기 시작하는 단계이다. 약 15개월부터 2세까지 지속되며, 이 시기에 접어들었다는 첫 번째 신호는 아이가 '싫어(no)'라고 말하거나, 부모에게서 떨어지는 행동을 보이는 것이다. 이러한 행동은 양방향 협상의 시작을 나타낸다. 이 시기는 부모에게 다소 도전적인 시기로, 흔히 '미운 두 살(Terrible Twos)'로 불리기도 한다. 또한, 이 시기의 아이들은 '까꿍 놀이'나 '손바닥 놀이[1]' 같은 게임에 흥미를 보이기 시작한다. 이러한 놀이들은 두 사람이 서로 상호작용하는 '주고받기' 개념을 배우는 과정에서 중요한 역할을 한다.

1) 역자 주: '손바닥 놀이(round and round the garden)'는 영어권에서 주로 아기들을 위한 촉각 놀이로, 손바닥이나 손가락을 이용해 부드럽게 간지럽히면서 노래를 부르는 형태다. 예를 들어, "Round and round the garden, like a teddy bear..." 같은 노래를 부르며 아이의 손바닥을 원을 그리며 만진 뒤, 갑자기 손가락을 타고 팔 위로 올라가며 간지럽히는 놀이다.

후기 재접근기(Late Rapprochement)

후기 재접근기는 아이가 독립성을 향해 나아가기 시작하는 단계로, 2세부터 3세까지 지속된다. 이 시기의 아이들은 부모와의 협상을 시도하고, 자신의 욕구를 충족시키기 위해 더 강하게 요구하는 행동을 보일 수 있다. 이 단계에서는 아이가 점차 부모와 떨어져 있을 수 있는 거리를 늘려가며, 분리 불안을 조절할 수 있게 된다. 이는 위니컷과 볼비가 설명한 개념과 유사하며, 아이가 '안전기지(safe base)'를 유지하면서도 세상을 탐색할 수 있는 자신감을 키우는 과정이다.

이때 중요한 것은 아이가 감당할 수 있는 수준에서 분리 불안을 경험하도록 하는 것이다. 아이가 과도한 불안을 느끼지 않도록, 독립은 점진적인 과정으로 이루어져야 한다. 예를 들어, 처음에는 놀이 시간에 부모의 곁에 바짝 붙어 앉아 있다가, 몇 달 후에는 방 한가운데로 가서 친구들과 놀기 시작하는 것이다. 이때 아이는 여전히 엄마가 어디에 있는지 확인하며 시야 안에 두려는 경향을 보인다.

후기 재접근기에 접어든 아이는 이제 부모가 보이지 않아도 불안해하지 않고 더 멀리 탐색할 수 있는 능력을 가지게 된다. 이 단계에서는 '정서적 재충전(emotional refuelling)'이 매우 중요하다. 아이는 부모를 돌아보며 눈을 맞추거나 확인하는 행동을 통해 정서적으로 안정감을 얻고, 다시 놀이에 집중할 수 있다.

아이가 부모로부터 멀어지는 자신감을 가질수록, 세상을 탐색하며 자신의 위치를 이해하고, 환경과의 관계를 배워나가게 된다. 즉, 이 단계는 단순한 신체적 독립뿐만 아니라, 아이가 세상 속에서 자신의 존재를 인식하고 정체성을 형성하는 중요한 과정이다.

개별화 단계(Individuation Stage)

아이가 이전의 발달 단계를 비교적 원활하게 거치면 개별화 단계에 도달하게 된다. 이 단계에서는 아이가 주 양육자로부터 분리될 수 있으며, 분리 불안을 스스로 조절할 수 있는 상태가 된다. 중요한 점은 이 단계가 '불안이 전혀 없는 상태'가 아니라는 것이다. 일정 수준의 조절 가능한 불안(manageable anxiety)은 정상적인 반응이며, 때때로 이는 유익할 수도 있다. 그러나 이 단계에서는 부모와의 분리가 불안을 초래하더라도, 아이가 그 불안을 감당할 수 있을 만큼의 정서적 안정감을 갖게 된다.

일부 아이들은 '재접근 위기(rapprochement crisis)'를 경험하며 개별화 단계에 도달한다. 이는 아이가 주 양육자가 없다는 사실을 깨닫고 불안을 느끼며, 심한 불안과 고통을 경험하거나, 때로는 떼를 쓰는 행동을 보이는 것이다. 그러나 결국, 아이는 이러한 상황에서도 자신이 스스로 감당할 수 있다는 것을 깨닫고, 심리적으로 안정감을 되찾게 된다.

개별화 단계에 도달하는 것은 아이의 '심리적 출생(psychological birth)'을 의미한다. 이 시점에서 아이는 자신만의 정체성을 확립하며, 부모와는 별개의 독립적인 존재임을 인식한다. 이 단계 이후, 아이는 점점 더 독립적인 인간으로 성장할 수 있는 심리적 준비를 갖추게 된다.

말러의 연구는 아이가 개별화에 도달하기까지 거치는 각 단계를 이해하는 데 도움을 준다. 또한, 그녀의 연구를 통해 각 단계에서 나타나는 행동 특성을 파악할 수 있기 때문에, 아이의 행동을 관찰함으로써 현재 아이가 어떤 정서 발달 단계에 있는지 평가하는 것이 가능하다.

STOP AND THINK

당신이 알고 있는 한 아이를 떠올려 보면서, 방금 읽은 정보를 그 아이에게 적용해 보세요. 그 아이가 각 발달 단계를 거치면서 행동이 어떻게 변화했는지 생각해 보세요.

이 과정에서 주 양육자의 역할

주 양육자 또는 부모는 아이가 정서 발달 단계를 원활하게 거쳐 갈 수 있도록 돕는 핵심적인 역할을 한다. 분화기에서는 주 양육자가 지속적으로 아이의 필요를 충족시키며 반복적으로 나타나는 존재가 됨으로써, 아이가 안정감을 느끼고 세상을 탐색할 수 있도록 돕는다. 연습기에서는 아이가 새로운 행동을 반복적으로 연습할 수 있도록 격려하며, 아이의 행동을 주의 깊게 관찰하고 반응함으로써 학습을 촉진하는 역할을 한다. 재접근기에서는 아이가 상호작용과 협상 능력을 발달시킬 수 있도록 관계를 형성하는 대상이 된다. 이 시기에 아이는 부모와의 관계 속에서 주고받기의 개념을 배우며, 자신의 의견을 표현하고 타인과 협상하는 법을 익힌다. 또한, 주 양육자는 아이에게 정서적 재충전을 제공하는 중요한 존재이다. 아이는 부모의 안정적인 존재를 바탕으로 점차 부모와 떨어져 세상을 탐색하는 자신감을 키우며, 점진적인 독립을 향해 나아갈 수 있다.

발달 과정에서 문제가 발생할 때

안타깝게도, 많은 사람들이 이러한 발달 단계를 모두 거치지 못하고 특정한 정서 발달 단계에서 '고착(stuck)'되는 경우가 있다. 이는 주 양육자와의 관계에서 문제가 발생하거나, 충분히 좋은 양육을 받지 못한 경우에 나타날 수 있다. 또한, 주 양육자와의 갑작스러운 분리 경험(traumatic separation)이 원인이 될 수도 있다. 예를 들어, 아이가 위탁 보호 시스템에 맡겨져 여러 명의 돌봄 제공자에게 양육되는 경우, 안정적인 주 양육자의 존재가 없기 때문에 발달 과정을 원활히 진행하기 어려울 수 있다.

공생기에서 정서적으로 고착되는 경우는 극히 드물지만, 가능성이 전혀 없는 것은 아니다. 그러나 분화기에서 고착된 경우, 타인과 의미 있는 양방향(interactional) 관계를 형성하는 능력을 제대로 발달시키지 못한다. 만약 이 단계에서 정상적으로 발달했다면, 이후 재접근기를 거치며 원활한 사회적 관계를 형성할 수 있었겠지만, 그렇지 못한 경우 행복하고 건강한 성인으로 성장할 가능성이 제한적이다. 이러한 사람들은 성인이 되어 심각한 성격장애나 정신병적 질환에 취약할 수 있다.

연습기에서 고착된 사람들은 반복적 행동(repetitive behaviours)을 보일 가능성이 크다. 이러한 행동은 안전 행동(safety behaviours)'이라고도 불리며, 이는 개인이 주변 환경을 항상 일정하게 유지하려는 심리적 메커니즘으로 작용한다. 이러한 행동을 통해 자신이 안전하다고 느끼지만, 이는 결국 그들의 행동 범위를 제한하는 요소가 될 수 있다. 연습기에 고착되는 사람들은 강박장애(obsessive–compulsive disorder, OCD), 자폐 스펙트럼 장애(autism), 경계선 성격장애(borderline personality disorder,

BPD) 또는 양극성 장애(bipolar affective disorder)와 같은 심리적 문제에 더 취약할 수 있다.

초기 재접근기에서 고착된 경우, 이전 단계에서 고착된 사람들보다는 상대적으로 덜 심각한 영향을 받을 수 있다. 이들은 겉으로는 정상적인 삶을 유지할 수 있지만, 내면적으로는 항상 불안과 걱정을 많이 하는 경향이 있으며, 주변 사람들에게 심리적 의존도가 높은 특징을 보인다.

후기 재접근기에서 고착된 사람들은 자신의 요구를 타인이 항상 충족해 주기를 기대하는 경향이 있다. 이들은 다소 지배적인 태도를 보이며, 주변 환경이 자신이 원하는 대로 유지되기를 바란다.

가장 이상적이고 건강한 발달 상태는 개별화 단계에 도달하는 것이다. 이 단계에 도달한 사람들은 타인과 균형 잡힌 양방향 관계를 형성할 수 있으며, 건강한 대인관계를 유지할 수 있다. 이는 위니컷의 개념과도 연결되는데, 그는 '충분히 좋은 자아감'을 가진 사람들은 '상호 의존적(interdependent)'이며, 지나치게 독립적이지도 의존적이지도 않다고 설명했다. 개별화 단계에 도달한 사람들은 건강한 '주고받기' 관계를 형성할 수 있으며, 세상 속에서 온전하게 기능하는 삶을 살아갈 수 있다.

학습 장애가 있는 사람들과의 관련성

나는 말러의 이론을 활용하여 학습 장애가 있는 사람들을 이해하는 방법을 개발했다. 1980년대, 나는 장기 거주 학습 장애 병원(long-stay learning disability hospital)에서 일하면서, 그곳에 있는 성인들의 행동이 말러가 설명한 정서 발달 단계와 유사한 특징을 보인다는 점을 발견했다. 예를 들어, 어떤 사람들은 완전히 자기 몰두(self-absorbed) 상태에 있었다. 이들은 의자에 앉아 손가락을 빨거나, 옷을 만지며 자기 몸과 주변 환경에만 집중했다. 이들은 종종 주변에 있는 사람들, 심지어 병원 직원의 존재조차 인식하지 못하는 것처럼 보였다. 나는 이러한 행동이 말러가 분화기에서 설명한 '자기 참조적 행동'과 매우 유사하다고 생각했다.

또한, 계속해서 걷거나 몸을 앞뒤로 흔드는 행동(pacing and rocking)을 보이는 사람들이 많았다. 일부 사람들은 피부를 뜯거나(skin picking), 머리를 반복해서 부딪히는(head banging) 심한 행동을 하기도 했다. 이러한 행동은 종종 '상동 행동(stereotypical behaviours)'으로 불리며, 과거 대규모 시설에서 생활하던 사람들에게서 매우 흔하게 나타났다. 과거에는 이러한 행동이 개인이 스스로를 자극하기 위한(self-stimulation) 행동으로 해석되었지만, 나는 이를 연습기의 행동과 유사한 형태로 볼 수 있다고 생각했다.

그 외에도 '관심을 끄는(attention-seeking)' 행동을 보이는 사람들도 있었다. 이들은 직원들에게 소리를 지르거나, 계속 따라다니거나, 물건을 던져 직원이 자신에게 오도록 유도하는 행동을 보였다. 병원 직원들은 이러한 행동을 부정적인 특성이나 방해 요소로 간주했지만, 나는 이 행동이 초기 재접근기에서 보이는 특징과 유사하다고 생각했다. 이러한 사람들은 주변 사람들이 자신의 욕구를 충족시켜 줄 수 있다는 것을 인식하고 있으며, 그러한 욕구를 충족시키기 위해 이러한 행동을 하는 것이었다.

나는 또한 후기 재접근기에 고착된 것으로 보이는 사람들은 종종 '진짜 성가신 존재(a real nuisance)'로 여겨졌다는 점을 발견했다. 이들은 자신의 욕구가 충족될 수 있음을 알고 있으며, 그것을 반드시 충족시키려는 강한 의지를 가지고 있었다. 이들은 직원들에게 지속적으로 관심을 요구하며, 계속해서 상호작용을 유도하려는 경향을 보였다.

흥미로운 점은 이 병원에 있는 사람들 중 개별화 단계에 도달한 것으로 보이는 사람이 없었다는 것이다. 1980년대 당시에는 사람들이 보이는 문제 행동이 학습 장애나 특정한 의학적 상태로 인해 나타난다고 생각하는 것이 일반적이었다. 그러나 앞서 살펴보았듯이, 장애를 가진 아동은 '충분히 좋은 양육'이나 안정적인 애착을 경험하기 어려운 경우가 많으며, 그로 인해 정서 발달이 원활하게 이루어지지 않을 가능성이 크다. 따라서, 이러한 문제는 단순히 장애의 특성이라기보다는 정서 발달 과정에서의 결핍으로 인해 특정한 단계에서 고착된 결과일 가능성이 크다.

나는 이러한 행동들이 실제로 정서 발달 단계에서의 정체 때문인지 확인하기 위해 연구를 시작했다. 먼저, 사람들의 행동을 관찰하여 그들이 어떤 정서 발달 단계에 머물러 있는지를 분석했다. 그 후, 각 개인이 현재의 발달 단계에서 필요한 것을 제공하는 중재를 시행했다. 이후, 이러한 개입이 그들이 다음 정서 발달 단계로 나아가는 데 도움이 되었는지를 관찰하고 평가했다. 이제 내가 개발한 관찰 방법을 살펴보고, 개별적인 치료적 개입과 직원 개입에 대해 논의해 보겠다.

개인의 정서 발달 단계를 파악하는 방법

나는 개인의 정서 발달 단계를 평가할 수 있는 관찰 방법을 개발했다. 이 방법은 단순히 행동을 관찰하는 것보다 더 복잡한 과정이며, 약

40분 정도 소요될 수 있다. 이 책의 후반부에서는 이 방법을 구체적으로 적용하는 방법을 자세히 설명할 것이다. 또한, 제8장에서 소개하는 FAIT 도구를 활용할 수도 있다. 이 장에서는 관찰 과정이 어떻게 이루어지는지 개괄적으로 설명할 것이다.

관찰 수행 방법

40분간의 관찰 과정에서는 20초 동안 대상자의 행동을 관찰한 후, 다음 40초 동안 해당 행동을 정확하게 기록한다. 즉, 1분 동안 관찰과 기록을 반복하는 방식으로 진행된다. 이렇게 수집된 정보는 '데이터 포인트(data point)'라고 하며, 총 40분 동안 이 과정을 반복하여 40개의 데이터 포인트를 수집한다. 이러한 관찰을 제대로 수행하는 것은 연습이 필요한 과정이다. 단 20초 동안 매우 많은 행동이 일어날 수 있으며, 대상자의 행동을 세밀하게 포착하기 위해서는 지속적인 연습과 경험이 필요하다.

수집된 데이터는 분석을 통해 가장 빈번하게 나타나는 행동 유형을 파악하는 데 사용된다. 여기서 중요한 것은 해당 행동이 '자기 참조적 행동'인지, '연습 행동'인지, 혹은 '주고받기 행동'인지를 구분하는 것이다. 가장 빈번하게 관찰된 행동 유형이 개인의 주요 정서 발달 단계를 결정하는 기준이 된다.

공생기에서 머물러 있는 사람을 발견하는 것은 극히 드문 경우이므로, 이 단계는 분석에서 제외할 수 있다. 또한, 개별화 단계에 도달한 사람들은 일반적으로 정서적으로 안정적인 상태이므로, 이러한 유형의 관찰이 필요하지 않을 가능성이 크다.

따라서, 데이터 분석은 다음 네 가지 주요 발달 단계에 초점을 맞춘다.

- 분화기(Differentiation Stage)
- 연습기(Practising Stage)
- 초기 재접근기(Early Rapprochement Stage)
- 후기 재접근기(Late Rapprochement Stage)

각 데이터 포인트에서 가장 빈번하게 나타난 행동 유형에 따라 1~4까지의 숫자를 부여하고, 모든 데이터 포인트를 집계하여 가장 높은 빈도를 보이는 발달 단계가 대상자의 주요 정서 발달 단계로 결정된다. 이 장에서 설명하는 내용을 보다 효과적으로 이해하려면, 제8장(116~117페이지)의 관찰 기록지(Observation Sheet) 템플릿과 예시를 함께 참고하는 것이 유용할 수 있다.

겉보기의 예외적 현상(Apparent Anomalies)

가끔 관찰 과정에서 대상자의 주요 정서 발달 단계와 다른 단계에서 나타나는 행동이 관찰될 수 있다. 예를 들어, 대부분의 평가 결과가 분화기에 해당하는 경우에도, 일부 연습기에서 보이는 행동이 나타날 수 있다. 이러한 경우, 이는 대상자가 다음 발달 단계로 이동하기 시작했음을 의미할 수 있으며, 적절한 지원을 통해 더 원활하게 발달할 수 있도록 도울 수 있다는 가능성을 시사한다.

STOP AND THINK

비공식적인 관찰을 시도해 보세요. 당신이 돌보고 있는 사람이나 알고 있는 아이를 관찰할 수 있습니다. 대상자의 행동을 주의 깊게 살펴보며, 그들이 무엇을 하고 있는지, 어떤 행동 패턴을 보이는지 세밀하게 파악하는 과정을 시도해 보세요. 지금까지 읽은 내용을 바탕으로, 이 행동들이 어떤 정서 발달 단계에 해당하는지 생각해 보고 구체적으로 정리해 보세요.

같은 행동, 다른 의미

이 이론에서 중요한 요소는 같은 행동이라도 대상자의 정서 발달 단계에 따라 그 의미가 다를 수 있다는 점이다.

같은 행동, 다른 의미 - 머리 박기(Head Banging)

- 분화기의 머리 박기 행동은 자기 참조적 행동이거나 자기 자극을 위한 행동일 가능성이 높다.
- 만약 연습기에 있는 사람이라면, 그저 단순히 머리를 박을 수 있는 행동을 할 수 있고, 아직 이를 대체할 다른 행동을 발달시키지 못했기 때문에 이를 반복적으로 실행하는 경우일 수 있다.
- 초기 재접근기의 머리 박기는 의사소통의 수단이 될 수 있으며, 이는 "누군가 내게 관심을 가져줬으면 좋겠어"라는 의미를 내포할 수 있다.
- 후기 재접근기 단계에서는 머리 박기가 보다 통제적인 행동(controlling behaviour)으로 나타날 가능성이 크다. 예를 들어, "지금 당장 나한테 오지 않으면 더 심한 행동을 할 거야"라는 의미로 사용될 수 있다.

종종 단순한 행동 수정 기법에서는 원하지 않는 행동을 무시할 것을 권장한다. 이는 어떤 행동에 주의를 기울일수록 해당 행동이 더 자주 발생할 가능성이 높다고 보기 때문이다.

그러나 이러한 접근 방식은 정서 발달이 고착된 사람들에게 필요한 중요한 사람(significant person)의 존재를 제공하지 못한다는 문제를 초래할 수 있다. 즉, 이들은 정서적으로 발달하고 다음 단계로 나아가는 기회를 얻지 못하게 된다.

중재 설계

과거에는 학습 장애가 있는 사람들의 정서 발달이 거의 고려되지 않았다. 오늘날에도 여전히 개입의 초점은 새로운 기술을 가르치거나 적절한 행동을 익히게 하는 것에 맞춰져 있으며, 정서 발달 단계가 이러한 학습을 가능하게 할 수 있는지에 대한 고려는 부족한 경우가 많다.

나는 말러의 이론을 활용하면서, 모든 개입에서 가장 중요한 요소는 '중요한 타인(significant other person)의 적극적인 존재(active presence)'라는 점을 이해하게 되었다.

예시: 돌봄 제공자가 제공해야 하는 것

예시: 돌봄 제공자가 제공해야 하는 것
분화기에 있는 사람은 그저 자신의 자기 참조적 행동에 반응하고 기본적인 욕구를 충족시켜 줄 누군가의 존재가 필요하다.
연습기에는 새로운 행동을 연습할 때 이를 지켜봐 주는 사람이 필요하다.
재접근기에는 상호작용 기술을 발달시킬 수 있는 상대방의 존재가 중요하다.

그러나 필요한 상호작용의 방식은 대상자가 속한 정서 발달 단계에 따라 달라진다. 즉, 개입 과정에서 중요한 타인은 대상자가 주 양육자로부터 받아야 했지만, 관계의 단절로 인해 받지 못했던 것을 제공해야 한다.

개별 심리치료(Individual Therapy)

초기에 나는 개별 심리치료를 이 중재 작업을 통해 진행했었다. 치료자는 대상자의 정서 발달 단계에 맞는 적절한 상호작용을 제공하는 역할을 수행하게 된다.

나는 이러한 개입이 치료사에 의해서만 제공된다면, 실제로 이를 받을 수 있는 사람의 수가 극히 제한적일 것이라는 점을 깨달았다. 이에 따라, 정서적으로 돌봄을 제공하는 환경이 치료사뿐만 아니라 직원팀과 가족도 제공할 수 있도록 개입 방법을 개발했다. 이를 통해 훨씬 더 많은 사람들이 적절한 정서적 지원을 받을 수 있게 되었으며, 정서적으로 성장하고 발달할 기회를 가질 수 있게 되었다.

나는 말러의 이론을 학습 장애가 있는 사람들에게 적용한 연구를 논문으로 발표했으며, 이 논문은 1989년에 출판되었으며, 본 섹션의 마지막 부분에 참고 문헌으로 수록되어 있다. 논문에서는 각 개인의 정서 발달 단계에 적합한 정서적 지원을 제공하는 치료적 환경을 구축하는 방법을 설명했다. 이러한 접근 방식을 통해, 개인의 정서적 발달을 촉진하고 성장할 수 있도록 돕는 것이 가능함을 강조했다.

존(John) 지원하기

존은 젊은 남성이다. 나는 존을 관찰한 결과, 그의 대부분의 행동이 자기 참조적 행동이었으며, 일부 연습 행동도 보였지만 미미한 수준이라는 것을 발견했다. 즉, 그는 분화기에 정서적으로 고착되어 있었다.

존의 과거 기록을 검토해 보니, 그는 아기였을 때 심각한 외상을 경험한 적이 있었다. 그는 정서적으로 트라우마가 발생했던 시점의 발달 단계에서 멈춘 것처럼 보였다.

처음 치료를 진행할 때, 나는 그저 존과 같은 공간에 존재하는 것부터 시작했다. 왜냐하면 분화기에 있는 사람이 가장 필요로 하는 것이 일관되게 곁에 있어 줄 누군가의 존재이기 때문이었다. 시간이 지나면서, 존은 주변의 사물에 관심을 보이기 시작했고, 그것을 가지고 연습 행동을 하기 시작했다. 나는 이러한 행동에 관심을 보이며 그가 지속적으로 연습할 수 있도록 돕고, 점차 다양한 연습 행동을 배우도록 유도했다.

결국, 존은 초기 재접근기로 발달할 수 있었다. 이 시점에서 그는 나와의 상호작용에 더욱 관심을 보이며, 두 사람 간의 주고받기 관계를 형성하기 시작했다.

비록 존이 개별화 단계까지 도달하지는 못했지만, 초기의 심각한 외상 경험을 고려했을 때, 재접근기에서의 삶은 그에게 훨씬 더 편안한 것이었다. 그는 이제 양방향 상호작용이 가능해졌으며, 다른 사람들과 의미 있는 관계를 형성할 수 있게 되었다.

직원 또는 가족 중재 설계

우리는 이미 초기 정서 발달에서 주 양육자의 지속적인 존재가 얼마나 중요한지 알고 있다. 이 존재는 약 3세까지, 혹은 아이가 개별화 단계에 도달할 때까지 필수적이다. 따라서 24시간 내내 한 명의 주된 또는 중요한 돌봄 제공자가 있다는 것이 직원 중재에서도 가장 중요한 요소가 된다.

그러나 돌봄 서비스에서 유급 직원이 24시간 내내 한 명의 이용자와 함께할 수는 없다. 단순히 직원이 '근처에 있는 것'이나, 여러 명의 직원이 한 그룹을 돌보는 방식만으로는 개인의 정서적 발달을 충분히 지원할 수 없다. 주 양육자의 존재감을 재현하려면, 대상자는 자신을 위해 항상 있어 줄 수 있는 특정한 직원이 있다는 사실을 확실히 인식해야 한다.

이를 해결하는 방법 중 하나는 소규모 팀의 직원들이 교대로 근무하는 시스템을 구축하는 것이다. 즉, 특정한 기간(24시간 동안)에 담당자가 누구인지 명확히 정해두어, 대상자가 '오늘 나를 담당하는 직원이 누구인지' 알 수 있도록 하는 방식이다. 이를 통해 대상자는 소규모 팀 내에서 모든 직원과 안정적인 애착을 형성할 수 있다. 또한, 근무 교대 시 직원 간의 인수인계가 대상자의 눈앞에서 이루어지는 것이 중요하다. 이를 통해 다음 근무 교대 후에도 자신을 돌봐줄 사람이 누구인지 확인할 수 있으며, 이에 대한 불안을 줄일 수 있다.

이 접근 방식은 지정된 담당 직원이 식사를 제공하거나 일상적인 돌봄을 직접 수행할 때 더욱 효과적이다. 이는 아이가 주 양육자와 경험하는 패턴을 재현하는 효과가 있기 때문이다. 그러나 직원이 이러한 업무를 직접 수행하지 않더라도, 대상자가 언제든 필요할 때 지원을 받을 수 있다는 확신을 주는 것이 가장 중요하다.

또한, 직원이 항상 즉각적인 접촉을 유지할 필요는 없다. 중요한 것은 대상자가 담당 직원이 어디에 있는지 알고 있으며, 직원이 잠시 자리를 비울 경우 언제 돌아올지를 분명하게 인식하는 것이다.

이 시스템이 구축되면, 대상자의 불안이 급격히 감소하는 경우가 많다. 이는 그들이 하루 종일 자신을 돌봐줄 사람이 있다는 사실을 알게 되기 때문이다. 또한, 대상자의 협조적인 태도와 적응 행동이 증가하는 경향도 나타난다.

◆ 이러한 지원 방식에 대한 저항

학습 장애 지원 서비스에서는 이용자가 직원과 애착을 형성하는 것을 부정적으로 보는 경향이 있다. 이는 이용자가 직원에게 과도하게 의존하게 될 가능성과, 담당 직원이 떠났을 때 그들이 어떻게 대처할 것인지에 대한 우려 때문이다.

그러나, 직원과의 애착 형성이 제한되는 환경에서도 특정 직원에게 강하게 매달리는 사람들이 존재한다. 이러한 행동을 보이는 사람들은 대개 혼자 있는 것에 대한 두려움이 가장 큰 사람들이다. 중요한 점은, 이들이 특정한 직원의 개별적인 특성에 애착을 가지는 것이 아니라는 것이다. 그들은 단순히 자신이 의지할 수 있는 누군가가 있다는 사실을 알고 있으며, 그 사람이 자신을 밀어내지 않을 것이라는 확신을 가지고 있기 때문에 매달리는 것이다.

이러한 사람들은 직원 교대 시간이 되면 극심한 불안을 느끼고 심리적으로 큰 스트레스를 받는다. 그러나 이 반응은 종종 요구가 많거나 조종하는 행동(manipulative behaviour)으로 오해되곤 한다. 하지만, 이는 그들의 정서적 욕구가 충족되지 않아 나타나는 자연스러운 반응이다.

이 접근 방식의 핵심은 사람이 정서적으로 발달하기 위해서는, 누군가 자신을 지지해 줄 존재가 필요하다는 가장 기본적인 원칙에 기반

한다는 점을 기억해야 한다. 정서적 발달을 위해 반드시 충족되어야 하는 근본적인 필요를 해결하는 것이 이 접근 방식의 목표이다.

직원들이 서비스 대상자의 정서적 필요를 충족시켜 주는 방식으로 관계를 형성하면, 그 사람은 점차 정서적으로 성장하며 더 독립적인 존재로 발전할 수 있다. 궁극적으로, 서비스 대상자는 시간이 지나면서 이전과 같은 수준의 지원을 필요로 하지 않게 된다.

주 돌봄자와 관계가 확립된 후

개입의 다음 단계는 대상자의 정서 발달 단계에 맞는 활동을 도입하는 것이다. 분화기에 있는 경우, 연습 행동을 시도할 수 있도록 유도하는 것이 적절하다. 이를 위해 감각적인 경험을 제공하는 활동이 효과적이며, 예를 들어 블록 쌓기, 모래 놀이, 물놀이, 또는 손으로 쥘 수 있는 물체를 활용할 수 있다.

대상자가 이러한 활동에 흥미를 보이기 시작하면, 하나의 활동을 충분히 숙달할 때까지 반복하도록 격려하는 것이 중요하다. 일정 수준의 능숙함을 갖추면 새로운 활동을 소개하여 또다시 연습할 수 있도록 한다. 이러한 과정을 통해 대상자는 점진적으로 할 수 있는 행동의 범위를 확장하게 되며, 궁극적으로 완전히 연습기에 도달할 수 있도록 유도할 수 있다.

연습기에 도달한 경우, 대상자가 초기 재접근기로 발전할 수 있도록 새로운 활동을 도입할 수 있다. 예를 들어, 까꿍 놀이나 공을 주고받는 놀이를 통해 양방향 상호작용 기술을 발달시키는 것이 효과적이다. 또한, 초기 재접근기에서는 대상자에게 주변 환경에 대해 이야기해 주는 것이 중요하다. 돌봄 제공자가 사물의 색깔이나 이름을 설명하고 가리켜 보여줌으로써, 대상자가 세상에 대한 관심을 키울 수 있도록 도울 수 있다. 이러한 과정은 주 양육자와의 관계를 더욱 강화하며, 대상자가 주변 세계와 더 적극적으로 상호작용할 수 있도록 준비시키는 역할을 한다.

초기 재접근기에 도달하면, 대상자의 삶의 질이 크게 향상된다. 이들은 다른 사람들과 관계를 맺기 시작하고, 세상에 대한 호기심이 커지면서 학습과 경험의 가능성이 폭발적으로 증가한다. 대상자가 초기 재접근기에 안정적으로 자리 잡으면, 후기 재접근기로 이동할 수 있도록 지원할 수도 있다. 이 단계에서는 자신의 욕구를 효과적으로 표현할 수 있도록 돕는 것이 핵심이다. 이를 통해 대상자는 다른 사람과 협상하고 타협하는 방법을 배우며, 점진적으로 상호 교류의 균형을 맞추는 능력을 키우게 된다.

이러한 양방향 의사소통과 주고받기 과정은 성숙한 성인기의 인간관계의 핵심 요소이므로, 이를 발달시키는 것은 장기적으로 매우 중요한 목표가 된다.

정서 발달 단계 사이에 있는 경우

관찰 과정에서 어떤 사람이 주로 특정한 발달 단계에 속해 있지만, 일부 행동은 다음 단계의 특징을 보이는 경우가 있을 수 있다. 이러한 상황에서는 개입을 다음 단계에 맞추기보다는 이전 단계에 초점을 맞추는 것이 매우 중요하다. 그 이유는 대상자가 아직 준비되지 않은 활동을 시도하게 하면, 이는 그들에게 부담이 되거나 처벌적인 경험처럼 느껴질 수 있기 때문이다. 우리는 정서적으로 겨우 12개월 정도의 발달 수준에 머물러 있는 사람들과 함께 작업하고 있을 수 있다. 따라서 이들은 매우 취약한 상태에 있다는 것을 기억해야 한다.

만약 대상자가 거의 다음 단계로 이동할 준비가 되어 있다면, 이전 단계에 맞춘 개입을 제공하는 것이 그들의 발달을 지연시키는 것이 아니라 오히려 더 빠르게 다음 단계로 나아가도록 돕는 역할을 하게 된다.

말러의 접근법이 소규모 생활시설(group home)에서 어떻게 적용될 수 있는가

많은 문제 행동이 흔히 조종하려는 행동이거나 자신의 뜻을 관철하려는 시도로 간주되어 무시되는 경우가 많다. 그러나 이제 우리는 이러한 행동이 사실 대상자가 우리가 예상했던 것보다 훨씬 초기의 정서 발달 단계에 머물러 있음을 나타내는 신호일 가능성이 크다는 점을 이해할 수 있다. 즉, 이들은 실제로 아직 타인을 조작하거나 의도적으로 요구하는 단계에 도달하지 못했을 수도 있다.

또한, 행동 수정 기법을 사용하는 소규모 생활시설에서는 일반적으로 적절한 행동을 보일 때 보상하거나 강화하는 반면, 부적절한 행동은 무시하는 방식을 적용한다. 그러나 개별화 단계에 도달하지 못한 사람들에게 있어 그들의 행동은 단순한 문제 행동이 아니라, 정서적 욕구를 충족시키기 위한 표현 방식이다. 만약 이러한 행동이 무시된다면, 대상자는 무시당하는 경험을 처리할 능력이 부족하기 때문에, 오히려 해당 행동이 더욱 강화될 가능성이 크다. 즉, 그들은 자신이 원하는 결과를 얻을 때까지 같은 행동을 반복하게 된다.

반면, 말러의 접근법을 적용하는 생활시설에서는, 문제 행동을 보이는 사람에게도 충분한 관심이 주어지지만, 이는 특정 개인에게만 국한되지 않는다. 공동생활시설 내의 모든 사람들은 정서적 발달 단계에 따라 각자의 필요에 맞는 지속적인 관심과 지원을 받게 된다.

즉, 집단 내 모든 구성원이 자신에게 필요한 정서적 지지를 받을 수 있도록 체계적인 개입이 이루어지며, 개입 방식은 개인의 정서 발달 수준에 따라 다르게 조정된다.

사빈(Sabine) 지원하기

사빈은 식탁에 앉아 접시를 두드리고 있다. 사빈이 분화기에 있는 것으로 평가되었다면, 이 행동은 자기 참조적 행동으로 해석될 수 있다. 즉, 사빈은 자신의 필요를 충족시키기 위해 행동하고 있으며, 이 경우 스스로 식사를 하는 데 도움이 필요할 가능성이 크다. 이때, 담당 직원은 "내가 도와줄게"라고 말하며 사빈이 식사를 할 수 있도록 지원해야 한다.

만약 접시를 두드리는 행동이 연습기의 일부로 해석된다면, 담당 직원은 "여기 포크랑 나이프가 있어, 한 번 제대로 해볼까?"라고 말하며, 사빈이 새로운 기술을 익히고 연습할 수 있도록 돕는다.

사빈이 초기 재접근기에 있다고 평가되었다면, 직원은 "무엇을 원하니?"라고 질문하여 사빈이 자신의 필요를 직접 표현할 수 있도록 유도하는 것이 적절하다.

반면, 사빈이 후기 재접근기에 도달한 상태라면, 직원은 "사빈, 그렇게 하면 안 되는 거 알잖아. 스스로 해결해 봐. 접시를 싱크대로 가져가렴"과 같은 방식으로 반응할 수 있다.

이처럼, 행동에 대한 반응은 행동 자체보다는 그 행동이 가지는 의미에 따라 달라져야 한다.

그러나, 이러한 접근 방식을 사용하지 않는 환경에서는 접시를 두드리는 행동이 무시될 가능성이 크다. 만약 사빈이 분화기, 연습기, 혹은 초기 재접근기에 머물러 있다면, 무시당하는 경험은 사빈에게 자신이 보이지 않는 존재처럼 느껴지게 만들고, 좌절감을 증가시킬 수 있다. 이는 결국 행동이 더 악화되고 심해지는 결과를 초래할 수 있다.
또한, 사빈이 아직 개별화 단계에 도달하지 않았음에도 불구하고, 마치 그 단계에 있는 것처럼 간주되어 스스로 접시를 싱크대로 가져가야 한다는 기대를 받게 될 수도 있다. 그러나, 이는 사빈이 아직 해당 발달 단계에 도달하지 않은 상태라면 부당한 요구가 될 수 있으며, 적절한 지원이 이루어지지 않는다면 좌절감을 느낄 가능성이 크다.

이처럼, 개인의 정서 발달 단계를 정확하게 평가하고, 그에 맞는 적절한 반응을 제공하는 것이 얼마나 중요한지 알 수 있다. 만약 평가가 잘못되어 부적절한 개입이 이루어진다면, 대상자는 이를 억압적으로 느낄 수 있으며, 오히려 행동이 더 악화될 가능성이 크다.

행동이 점점 더 심해지는 사람들은 결국 더 많은 제한이 있는 환경으로 옮겨질 위험이 커진다. 그러나, 아이러니하게도 이들에게 가장 나쁜 결과는 필요한 정서적 지원이 부족한 제한적인 환경에서 지내게 되는 것이다. 특히, 충분한 직원 지원이 제공되지 않는 그룹 환경에서 생활하게 되면, 그들의 욕구가 충족되지 못하고 상태가 더욱 악화될 수 있다.

그러나, 정서 발달 수준에 적절한 지원을 제공한다면, 대상자는 점진적으로 성장하고 발달할 수 있다. 이를 통해 행동의 악화를 방지할 수 있으며, 궁극적으로는 그들이 점차 적은 지원으로도 독립적인 생활을 할 수 있도록 돕는 것이 가능해진다.

이러한 접근 방식은 개인적인 측면에서 더 나은 삶을 보장해 줄 뿐만 아니라, 장기적으로 보면 제한된 환경에서 제공되는 고비용의 돌봄보다 훨씬 비용 효율적인 해결책이 될 수 있다.

Chapter

04 무의식 발견하기 : 지그문트 프로이트(Sigmund Freud)의 작업

지그문트 프로이트(Sigmund Freud, 1856–1939)는 흔히 '정신분석학의 아버지'라고 불린다. 그는 주로 성인을 대상으로 연구했으며, 처음으로 인간이 왜 특정한 방식으로 행동하는지 이해하고 분석하려고 노력한 사람이었다. 그의 발견과 사상은 우리가 자신과 타인과의 관계를 바라보는 방식을 완전히 변화시켰다.

초기 경험의 중요성

프로이트는 성인들과 작업하고 그들의 삶에 대한 대화를 나누면서 초기 아동기 경험의 중요성을 인식한 최초의 사람 중 한 명이었다. 그는 어린아이가 초기 몇 년 동안 심리적으로 얼마나 취약한지를 이해했고, 인생의 이 중요한 시기에 겪은 경험들이 나머지 삶에 어떻게 영향을 미칠 수 있는지 알아냈다.

그의 사상은 앞 서 다뤘던 위니콧(Winncott)과 볼비(Bowlby)의 작업으로 이어졌다. 이들은 초기 몇 년, 주요 관계 및 애착의 중요성을 강조했다.

원초아(Id), 자아(Ego), 초자아(Super Ego)

프로이트는 마음의 내부 작동 방식을 이해하기 위해 하나의 모델을 개발했다. 그는 인간의 정신적 또는 내면의 세계가 어린 시절 동안 발달하는 세 가지 부분으로 구성된다고 믿었다:

1. 원초아(Id)

'원초아'는 우리가 쾌락을 추구하도록 이끌며, 즉각적인 만족을 원하고 이기적인 욕구를 충족시키려는 충동을 가진다. 이는 사회적으로 용납되지 않을 수 있는 행동을 하도록 이끄는 우리의 본능적인 부분이다.

2. 자아(Ego)

자아는 우리가 '자기(the self)'로 인식하는 정신의 부분이다. 자아는 우리의 외부 현실에 대처하는 부분이다. 이는 우리의 성격과 관련된 우리의 유능한 부분이자 다른 사람들과의 관계를 형성하는 부분이다.

3. 초자아(Super Ego)

초자아는 우리가 '양심'으로 알고 있는 부분에 해당한다. 초자아는 자아가 세상 속에서 제대로 기능할 수 있도록 이드를 통제한다. 초자아는 우리가 옳고 그름을 인식하게 한다. 초자아는 우리가 이기적인 욕구를 충족시키는 대신 사회적으로 받아들여지는 방식으로 행동하게 만든다.

프로이트는 우리 자신이 여러 부분으로 구성되어 있으며, 이들이 함께 모여서 하나의 전체를 이루고 있다는 기본적인 개념을 제시했다.

이 장에서는 초기 경험들이 어떻게 '자아' 또는 '자기'를 형성하는 데 도움을 주는지 다루었다.

프로이트는 자아가 어린 시절의 어떤 트라우마로 인해 손상되기 쉬운 매우 취약한 부분이라고 믿었다. 프로이트의 사상에 기반한 심리치료의 목표는 자아를 강화하고 초자아로부터 더 독립적이게 만드는 것이다. 즉, 마음이 더 균형 잡히도록 만드는 것이다.

STOP AND THINK

원초아, 자아, 초자아를 당신의 경험과 연관 지어 생각해 봅시다. 원초아나 초자아가 지배적이었던 순간을 떠올려보고 어떻게 당신의 행동에 영향을 줬는지 생각해 봅시다.

무의식

프로이트는 우리의 정신적인 삶의 상당 부분이 의식되지 않는다는 사실을 처음으로 발견했다. 그는 마음속에서 많은 일들이 '표면 아래'에서 일어나고 있다는 것을 알게 되었다. 그는 이를 '무의식'이라고 불렀는데, 이는 우리가 그곳에서 일어나는 정신적 활동을 의식적으로 인지하지 못하기 때문이다.

프로이트는 무의식이 우리의 의식적 사고를 방해할 수 있으며, 우리가 무의식을 의식적으로 알아차리지 못하기 때문에 인식하지 못하는 방식으로 우리의 행동과 말에 영향을 미칠 수 있다고 이해했다. 심리치료의 목표 중 하나는 무의식 속에서 우리의 기능에 영향을 미치는 것들을 더 자각하게 만드는 것이다. 자각하게 되면 우리는 그에 따라 다르게 행동하기를 선택을 할 수 있다.

> **STOP AND THINK**
>
> 무의식에 의해 영향을 받은 적이 있었던 때를 생각해 봅시다. 자신도 모르게 말하거나 행동했지만 그 순간에는 진실을 드러낸 경우가 있었나요? 이런 경우 무의식이 당신의 행동에 영향을 미친 순간이기에 종종 '프로이트적 실수(Freudian slip)'라고 불립니다.

꿈

프로이트는 우리의 무의식이 꿈에서 매우 활발하게 작용하며, 우리는 종종 우리에게 정말로 중요한 것들에 대해 꿈을 꾼다는 사실을 발견했다. 꿈은 무의식적인 부분에서 나왔기 때문에 종종 논리적으로 이해되지 않지만, 치료사들은 무의식에서 일어나는 일들을 더 깊이 이해하기 위해 개인의 꿈을 다루기도 한다.

억압

억압은 어려운 경험이나 감정을 무의식 속으로 밀어 넣어 더 이상 의식적으로 인지하지 않도록 하는 과정이다. 무의식 속으로 감정을 억압함으로써 개인은 같은 정도의 감정적 고통을 느끼지 않게 된다. 이 과정을 통해 감정적 고통이나 어려운 감정으로부터 개인을 보호하기 때문에 이를 '방어 기제'라고 부른다.

어린 시절에는 억압이 트라우마로 인한 고통을 덜 느끼도록 보호하는 강력한 방어 기제로 사용된다. 이는 어린이가 트라우마를 겪을 때 느끼는 극도로 고통스럽고 강력한 감정을 억압하거나 억누를 수 있음을 의미한다. 하지만 이러한 경험과 감정은 이후 삶의 특정 시점에서 다시 떠오를 가능성이 있다. 그럴 때 개인은 기능하는데 문제가 생기거나 고통을 느끼기도 한다.

심리치료의 목표 중 하나는 억압된 경험을 매우 신중하고 부드럽게 밝혀내고, 이를 처리하여 더 이상 어려움을 일으키지 않도록 돕는 것이다.

전이

전이는 내담자가 자신 삶에서 다른 사람들에게 느꼈던 감정을 치료사에게 '전이'하는 과정이다. 이러한 감정은 의식적으로 인식하지 못하기 때문에 표현할 수 없는 매우 힘든 감정들인 경우도 있다. 내담자는 치료사를 자신이 원래 그 감정을 느꼈던 사람처럼 대하기 시작할 수도 있다.

심리치료의 목표 중 하나는 치료사가 이 과정을 인식하고, 내담자가 이러한 감정을 인식하고 표현하며, 그 감정의 원인을 이해할 수 있도록 돕는 것이다.

충동

프로이트는 또한 '충동'이라고 부르는 몇 가지 본능적인 동기를 확인했다. 이것은 우리가 특정 방식으로 행동하게 하는 본능으로 생각할 수 있다. 그가 말한 가장 기본적인 두 가지 충동은 부정적인 충동인 '죽음 충동(death wish)'과 긍정적인 충동인 '사랑 충동(love wish)'이다.

'죽음 충동'은 깊은 우울과 죽음을 향해 나아가려는 본능이다. '사랑 충동'은 사랑과 행복을 찾고, 다른 사람들과 함께하며 관계를 형성하려는 본능적 동기이다.

프로이트는 행복한 사람들의 경우 이 두 가지 충동이 균형을 이루고 있다고 설명했다. 어느 한쪽이 다른 쪽보다 과도하지 않은 상태이다. 하지만 매우 불행한 사람들은 종종 이 충동들 사이에 불균형이 있을 수 있다. 양극성 장애(또는 '조울증')는 이 두 충동 사이에서의 흔들림으로 볼 수 있다.

심리치료의 목표 중 하나는 이러한 서로 다른 충동들 사이에서 균형을 찾도록 돕는 것이다.

결론

프로이트는 인간이 왜 특정 방식으로 행동하는지를 이해하려고 시도한 첫 번째 사람이었다. 그의 사상은 오늘날 심리적으로 불편감을 경험하는 장애가 있는 사람들과의 심리치료 작업하는 방법을 발전시키도록 다른 사람들에게 영감을 주었다. 우리가 이 장에서 다룬 것은 그의 발견 중 일부에 불과하다. 그의 발견은 여전히 치료사들이 사람들을 돕기 위해 일할 때 중요한 지침이 되고 있다.

Chapter

05 초기 발달의 중요성
: 멜라니 클라인(Melanie Klein)의 관점

멜라니 클라인(Melanie Klein, 1856~1939)은 프로이트의 사상에서 영감을 받아, 아이들을 대상으로 그들이 장난감을 사용하고 가지고 노는 방식을 관찰하는 등의 방법으로 연구를 진행했다. 그러한 연구를 통해 그녀는 정서 발달이 프로이트가 예상했던 것보다 훨씬 더 이른 시기, 심지어 태어나기 전부터 시작된다고 결론지었다. 클라인은 아기가 태어날 때 '살인적 분노(murderous rage)'를 지니고 태어난다고 보았는데, 이는 태어나는 과정 자체가 불쾌하고 외상적인 경험이기 때문이라고 설명했다.

클라인은 아기의 이러한 분노와 화가 '사회화(socialised)'되거나 부모나 '중요한 타인(significant other)'과의 관계를 통해 다룰 수 있게 된다고 믿었다. 이는 이후 위니컷(Winnicott)이 제시한, 주양육자가 아이의 감정을 담아주고 처리해 주는 1차적 관계(primary relationship)의 중요성에 대한 이론과 매우 유사하다.

또한, 클라인은 자아가 어린 시기에 발달한다고 본 프로이트의 견해와는 달리 자아(Ego)가 출생 시부터 존재한다고 믿었다. 그녀에 따르면, 유아기 자아의 주된 활동은 '내사(introjection)'와 '투사(projection)'라는 두 가지 무의식적 과정을 통해 아이를 불안으로부터 방어하는 것이다.

> **STOP AND THINK**
>
> 클라인의 연구에서 제시한 '중요한 타인'과 위니컷이 말한 '1차적 관계'에 대한 관점 사이의 유사성에 대한 예시를 두 개 정도 제시해 주세요.

내사(Introjection)

'내사'는 말 그대로 '내면화(taking in)'를 의미한다. 클라인은 아이가 어떻게 자신이 겪은 경험을 '받아들여(take in)', 그 경험이 아이의 내면 세계에 존재하는 '내적 대상(internal objects)'이 되는지를 설명할 때 이 용어를 사용했다. 클라인은 아이의 발달에서 결정적인 요소가 바로 '좋은' 그리고 의존할 만한 내적 대상으로 자리잡는 어머니와의 긍정적인 경험을 '내면화'하는 것이라고 말했다. 이 과정을 통해 아이의 자아(Ego)는 한층 더 강화된다. 그러나 아이가 부정적이거나 외상적인 경험에 노출되면, 그러한 경험 역시 아이의 내면에 '나쁜 대상(bad objects)'으로 내면화(taken in)될 수 있다.

심각한 스트레스나 정서적 혼란을 겪는 사람들은 좋은 대상보다 더 많은 '나쁜 대상'을 내면에 지니고 있을 가능성이 크다. 심리치료의 일부 과정은 치료자와의 긍정적인 관계 경험을 '내면화(take in)'하도록 도와, 그들이 지닌 나쁜 대상과 균형을 맞추는 것이다.

투사(Projection)

투사는 아기가 '좋은 경험'과 '나쁜 경험'이 같은 사람에게서 비롯될 수 있다는 사실을 정서적으로 감당하기 어려워서 일어나는 과정이다. 어머니나 주 양육자의 경우, 아기가 배고플 때 먹을 것을 제공하여 만족감을 느끼면 이는 '좋은 경험'이 되고, 바로 먹여 주지 않아 배고픔을 느끼면 이는 '나쁜 경험'이 된다. 클라인에 따르면, 아기는 이를 해결하기 위해 어머니에 대한 경험을 좋은 경험과 나쁜 경험으로 분할(splitting)한다. 아기는 마치 어머니를 서로 다른 두 사람인 것처럼 '좋은 어머니'와 '나쁜 어머니'로 구분하여 경험한다.

그리고 아기는 좋은 어머니의 경험은 '붙들고(holding onto)' 내면화하는 반면, '나쁜 어머니'의 경험은 밖으로 밀어내거나 '투사하는 방식(projecting out)'을 통해 대처한다. 이렇게 분할된 경험을 처리하는 과정과 좋은 부분은 받아들이고, 나쁜 부분은 배제하는 과정은 아기가 세상을 경험하면서 계속 이어진다.

정상적인 발달에서 아기의 자아(Ego)는 불안을 겪지 않도록 스스로를 보호하는 과정을 통해 점차 강해진다. 결국 아기는 좋고 나쁜 감정이 동일한 사람이나 경험에서 비롯될 수 있음을 깨닫고 다룰 수 있는 단계에 이르게 된다.

이 과정은 자기 자신과 타인 안에 동시에 존재하는 좋은 면과 나쁜 면을 모두 인정하고, 사람을 '전체(whole)'로 볼 수 있는 기반이 된다. 한 사람이나 어떤 경험의 좋은 면과 나쁜 면을 모두 감내할 수 있는 능력은 심리적 안정과 정신 건강을 유지하는 데 필요한 기본 요소 중 하나다.

투사적 동일시(Projective Identification)

이는 개인의 내면에서 분리된 부분(경험, '나쁜 대상' 등)이 단순히 투사되거나 내면에서 밀려나는 것이 아니라, 실제로 다른 사람에게 전가되는 과정을 말한다. 그렇게 전가된 사람은 '나쁜 대상' 혹은 나쁜 사람인 것처럼 여겨지고 대우받게 된다.

이 과정은 치료자에게 매우 유용한데, 특히 자신의 경험에 대해 말하지 못하는 사람과의 작업에서 그러하다. 내담자가 자신의 경험을 직접 말하기 어려울 때, 이러한 현상은 치료사가 내담자의 내면 세계와 과거 경험을 이해할 단서를 제공해 결과적으로 내담자를 도울 수 있게 된다.

클라인의 정서 발달 모델

위 개념을 토대로, 클라인은 정상적인 발달 과정에서 어떻게 아기가 '편집적－분열적 위치(paranoid schizoid position)'에서 '우울적 위치(depressive position)'로 이동하는지 설명했다. 클라인은 '단계(stage)'라는 용어보다 '위치(position)'라는 용어를 사용하였는데, 이는 이들이 고정되어 있지 않기 때문이다. 개인은 일생에서 정서적으로 어려운 일이 일어날 때마다 언제든 이들 위치 사이를 오갈 수 있다.

편집적-분열적 위치(Paranoid Schizoid Position)

이 위치에 있는 아이는 앞서 설명한 것처럼 자기 자신이나 타인의 '좋은 면'과 '나쁜 면'을 통합할 수 없다. 받아들이기 어려운 나쁜 부분을 '분할(splitting)'하고, 이를 다른 사람에게 '투사(projecting)'하는 방식으로 대처한다. 하지만 이러한 방식은 아이로 하여금 세상이 나쁜 사람과 나쁜 경험으로 가득 차 있다고 느끼게 만든다.

만약 아이가 발달을 이루지 못해 이 위치에 계속 머무르거나, 성인이 되어서도 정서적으로 힘든 시기에 이 위치로 되돌아가면 세상과 주변을 좋다 혹은 나쁘다라는 '극단적' 관점으로만 보게 될 수 있다. 또한 세상이 온통 나쁜 것으로 가득 차 있다고 여기고, 강한 편집증적 불안을 느낄 수도 있다.

우울적 위치(Depressive Position)

아이가 부모로부터 '충분히 좋은(good enough)' 돌봄을 받으면, 편집적-분열적 위치를 지나 우울적 위치로 이동할 수 있다. 이때 아이는 좋고 나쁜 것이 동일한 사람에게서 동시에 일어날 수 있음을 깨닫고 이를 견딜 수 있게 된다. 자기 자신 안에도 좋은 면과 나쁜 면이 함께 존재한다는 사실도 알게 된다. 때로 우리 모두가 좋은 면과 나쁜 면을 둘 다 갖고 있다는 것을 받아들이는 과정에서 어려운 감정을 불러일으킬 수 있다. 그러나 아이가 '충분히 좋은' 지지를 받게 되면, 아이는 이를 극복하고 우울적 위치의 '해결(resolution)' 상태에 도달하게 된다. 이는 보다 성숙한 위치이며 현실적인 관점으로 세상을 이해하는 태도이다.

앞서 살핀 것처럼, 우리는 일생 동안 정서적인 이슈의 영향을 받을 때 이 두 위치를 오가게 된다. 정서적으로 어려움을 겪는 사람들을 대상으로 하는 치료의 목표 중 하나는 그들이 편집적-분열적 위치(paranoid schizoid position)에서 벗어나 우울적 위치(depressive position)를 해결(resolution)하는 단계로 나아가도록 돕는 것이다.

·학습장애가 있는 사람들과의 연관성

이 책의 저자는 클라인의 이론을 학습장애가 있는 사람들, 특히 자신이 겪은 경험을 언어로 표현하기 어려운 사람들과의 작업에 적용했다. 이 과정에서 투사적 동일시를 중요한 도구로 사용했다. 치료사가 내담자와 함께 있을 때 자신의 감정을 조율하고 경청함으로써, 어떤 감정이 진정으로 자신의 것이고 어떤 감정이 내담자로부터 투사된 것인지 구분할 수 있다.

만약 치료사가 투사된 감정을 '조율(tune into)'할 수 있다면, 이는 내담자가 살아오며 어떤 경험을 했고 어떤 관계를 맺었는지에 대한 귀중한 통찰을 제공한다. 이는 특히 내담자가 말을 통해 경험을 표현하기 힘들거나, 무의식 깊숙이 억압해서 기억해내지 못하는 경우에 유용하다.

치료에서 이 도구를 사용하면, 누군가의 경험을 더욱 분명하게 파악할 수 있다. 그런 다음 치료사는 내담자의 경험을 의식으로 끌어올리는 것을 돕는 작업을 매우 조심스럽게 시작할 수 있다. 치료사는 내담자가 그 경험을 처리하고 다룰 수 있도록 도울 수 있다.

이 과정을 통해 내담자는 더욱 견고한 자기감(sense of self)을 형성하게 된다. 또한, 내담자가 보다 성숙한 우울적 위치의 해결 단계에 도달하도록 도울 수 있다. 나아가 치료적 관계에서 얻는 긍정적 경험을 받아들이고 내면화하도록 도울 것이다.

STOP AND THINK

클라인의 이론과 위에서 설명한 개념들이 자신의 상담에 어떻게 적용할 수 있을지 생각해보세요.
내담자가 자신의 경험에 대해 말하기를 거부하거나 말할 수 없는 상황에서는 어떻게 도울 수 있을지 생각해보세요.

STOP AND THINK

학습장애가 있는 내담자와 작업할 때, 치료사가 어떻게 이 모델을 활용할 수 있을지 생각해보세요.

Chapter

06 트라우마와 트라우마가 관계에 미치는 영향 : 윌프리드 비온과 데이비드 말란 (Wilfred Bion and David Malan)의 연구

윌프리드 비온(Wilfred Bion)의 연구

비온은 미국 출신 심리학자로, 1차, 2차 세계대전 참전 용사들과 많은 작업을 진행한 인물이다. 그는 군인 집단에 대한 연구로도 유명한데, 이를 통해 전반적인 '집단'에 대한 이해가 크게 발전했다.

이 장에서는 특히 전쟁에서 심각한 외상을 입은 사람들과 관련해 그가 수행한 작업에 초점을 둔다. 당시에는 이러한 상태를 '쉘 쇼크(shell shock)'라고 불렀다. 오늘날 우리는 이것이 '외상 후 스트레스 장애(PTSD)'임을 알고 있다. 비온은 사람들이 극심한 외상을 겪으면 그들의 인격(personality)이 '분해(disintegrated)'되는 듯 보인다는 점을 알게 되었다. 이는 마치 그들의 인격이 '사라져버린' 것 같은 상태였다.

'연결에 대한 공격(Attacks on linking)'

심각한 외상을 겪은 사람들과 치료적 작업을 하던 중, 비온은 때때로 자기 자신이 매우 졸리거나, 상대방에게 거의 최면이 걸린 듯한 느낌을 받는 경우가 있다는 사실을 발견했다. 이로 인해 그는 내담자가 하는 말을 제대로 생각하기 어렵고, 그들이 상담 시간에 제기하는 내용을 서로 연결(link)하거나 연관 지을 수 없었다. 비온은 이 현상이 매우 중요한 의미가 있음을 깨닫고, 이를 '연결에 대한 공격(Attacks on linking)'이라고 명명했다. 그는 이 현상이 무의식적으로 작동하여 극도로 외상적 경험을 한 사람과 함께 있을 때 제대로 사고하기를 방해한다는 것을 알아냈다. 이는 그들의 트라우마가 너무나도 압도적이어서, 자신에게 일어난 일 사이의 연결고리를 인식하는 것 자체가 견디기 힘들기 때문이다. 비온은 이러한 '인격 분해'가 끔찍한 트라우마를 견디기 위한 정신의 방어 기제라고 생각했다. 즉, 무의식은 내면 세계에서 벌어지고 있는 혼돈 상태를 유지함으로써, 어떤 연결이든 만들어지는 것을 막으려는 것이다. 왜냐하면 그 연결들이 너무나도 '압도적'이어서 감당할 수 없기 때문이다.

장애가 있는 사람들에게 적용할 방법

오늘날 우리는 장애가 있는 사람들 역시 심각한 트라우마를 경험할 수 있다는 사실을 알고 있다. 이는 장애 자체로 인한 경험, 혹은 어린 시절 겪은 일이나 이후의 다른 외상적 사건, 또는 이 모든 요인이 복합적으로 작용하여 발생할 수 있다.

누군가가 이러한 상태에 있을 때, 함께하는 사람은 극도로 피곤해지거나 적절하게 생각하지 못하는 것 같은 느낌을 받을 수 있다. 때로는 상대방에게 거의 홀린 듯하거나 몹시 졸린 느낌을 받기도 한다. 이는 돌봄이나 지원 업무를 하는 직원들에게는 매우 무서울 수 있다. 그들은 자신이 전문성을 발휘하지 못하고 있거나, 제대로 일을 하고 있지 않다고 걱정할지도 모른다. 그래서 이러한 과정이 왜 일어나는지 이해하고 인식하는 것은 중요하다.

만약 여러분이 지원하는 사람이 이런 식으로 주위 사람들에게 몹시 졸리거나 멍해지는 느낌을 불러일으킨다면, 이는 그 사람이 직면하기 어려운 고통을 주는 트라우마가 있다는 것을 암시한다. 이들은 겉보기에 괜찮아 브이거나 행복해 보일 수도 있다. 하지만, 주변 사람들에게 최면 혹은 과도한 피곤함을 유발한다면, 도움과 지원을 위해 치료사에게 의뢰해야 할 필요가 있을지도 모른다.

STOP AND THINK

과거에 여러분이 지원했던 사람 중, 함께 있을 때 극도로 피곤하거나 멍해지는 느낌이 든 적이 있나요? 방금 읽은 내용이 그 경험을 이해하는 데 도움이 되었는지 생각해보세요.

이들과의 치료 작업

PTSD나 깊은 트라우마를 가진 사람들과의 치료적 작업은 매우 전문적인 것이다. 만약 치료사가 자신이 영향을 받고 있다는 것을 알게 된다면, 그 세션에서 직면하기 어렵거나 참기 힘든 부분이 무엇인지 생각해 볼 필요가 있다. 만약 내담자가 이를 직면할 수 없다면, 그 사람의 무의식이 치료사가 만들려 했던 연결을 공격하여, 치료사 또한 그 문제를 들여다보지 못할 수 있다.

만약 치료사가 이런 경험을 하게 된다면, 동료나 슈퍼바이저와 이를 논의해야 한다. 이 과정을 통해 치료사는 내담자 삶에서 도저히 직면할 수 없는 것이 무엇인지에 대해 생각할 수 있다. 이 과정을 거치게 되면 치료사는 이후의 세션에서 무슨 일이 일어나는지 알아차릴 수 있고 내담자가 무엇을 견디지 못하는지 알아차릴 수 있다. 결국, 치료사 스스로가 그 이슈를 알아차림으로써, 직면할 수 있게 된다. 치료사가 먼저 알아차리고 직면하게 되면, 내담자도 직면할 수 있게 된다. 이 과정이 이루어지려면 한 세션으로는 부족하고 어느 정도 시간이 걸린다.

현재와 과거를 연결하기 - 데이비드 말란(David Malan)의 아이디어

데이비드 말란은 이후 세대의 심리치료사 중 한 명이다. 그는 저서 *Psychodynamic Psychotherapy and the Science of Psychodynamics* (1979)에서 이전 세대 심리치료사들이 발전시켜 온 정신역동적 작업에 관한 모든 아이디어를 종합했다. 말란은 개인상담에서 이루어지는 과정을 설명하고, 치료의 효과를 측정할 수 있는 모델을 개발했다.

말란은 우리가 자신의 경험을 통해 현재의 모습을 갖추게 된다고 강조했다. 인간이 되어가는 과정에서 좋은 경험과 힘든 경험을 모두 겪는다. 때로 우리는 어려운 경험들을 두려워하거나 생각하기 싫어서 의식에서 멀리 밀어내 버리기도 한다. 하지만, 우리에게 무슨 일이 일어나고 있으며, 이러한 경험이 우리에게 어떤 영향을 미쳤는지 견디고, 이해하고, 분석할 수 있다면, 보다 질 높은 삶을 향유할 수 있다.

말란은 심리치료에 필수적인 여러 원칙을 제시했다:

- 내담자에 대한 치료사의 무조건적인 수용
- 내담자와 치료자 사이에 형성된 관계와 이들 사이에 형성된 라포
- 내담자가 자신의 감정을 이해하고, 의식에 더욱 가깝게 끌어올리며, 그 감정을 실제로 경험할 수 있도록 돕는 것이라는 심리치료의 목표

이를 위해 말란은 치료사가 다섯 가지 영역에 대해 판단할 필요가 있다고 말했다.

1. 내담자가 이미 자신의 진짜 감정과 얼마나 접촉하고 있는지의 정도
2. 내담자가 아직 인식하지 못하고 있는 숨겨진 감정의 특성
3. 그 감정이 얼마나 드러나기 쉬운(접근하기 쉬운) 상태인지
4. 그 감정과 관련된 불안이 어느 정도인지
5. 내담자가 그 불안을 견딜 수 있는 역량

말란이 치료에서 어떤 일이 발생하는지를 보여주기 위해 고안한 모델이 바로 말란의 삼각형(*Malan's Triangles*)이다.

이 삼각형은 내담자(Person), 치료자(Therapist), 그리고 다른 사람들(Others)로 구성된다. '다른 사람들'은 내담자의 현재뿐만 아니라 과거 삶에서 함께했던 다른 사람들을 의미한다.

치료 장면에서는 내담자와 상담자의 관계만 존재한다. 하지만, 치

그림 6.1 내담자의 상담형(The Triangle of Person)

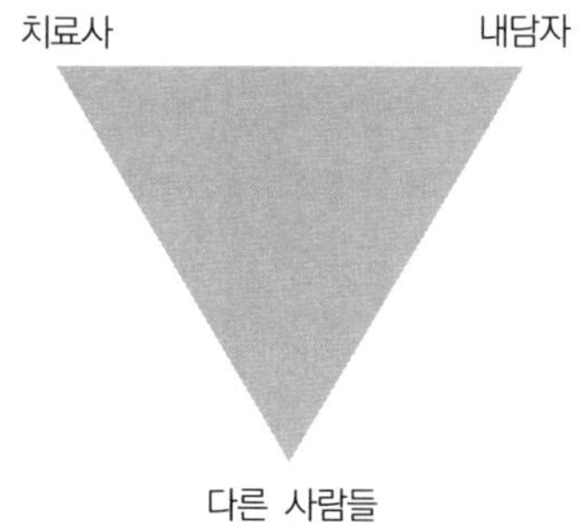

그림 6.2 충돌의 삼각형(Triangle of Conflict)

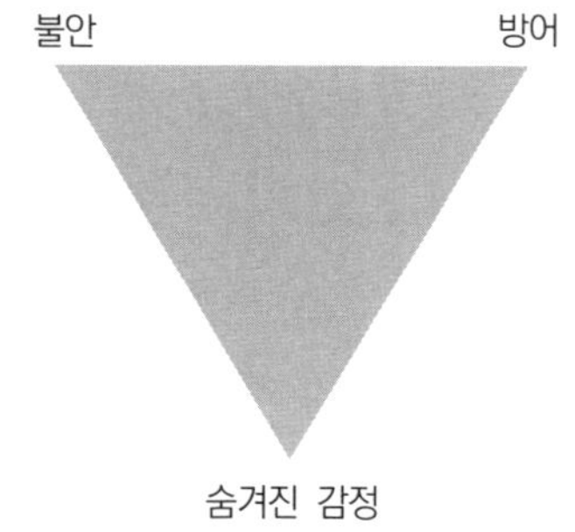

료에서 다루고자 하는 감정은 주로 내담자가 다른 사람과 맺었던 관계, 대부분은 과거의 인물들과의 관계에서 비롯된다. 이러한 감정은 종종 깊이 묻혀 있거나 내담자 인식하지 못하고 있기 때문에 삼각형의 아래쪽(바닥 부분)에 위치한다.

두 번째 삼각형은 내담자의 불안(anxiety), 방어(defence), 그리고 숨겨진 감정(hidden feelings)으로 구성된다. 숨겨진 감정은 내담자가 과거에 만난 타인들과 관련이 있으며, 이 감정들이 의식적으로 인식되지 않기 때문에 삼각형의 '바닥(아래 부분)'에 위치하게 된다. 내담자가 치료 세션에 참여할 때, 그들은 '방어된(defended)' 상태로 온다. 이는 무의식적으로 숨겨진 감정과 관련된 불안에 대처하기 위한 방어 기제를 사용하고 있음을 의미한다. 이 단계에서 내담자는 이러한 방어 자체를 인식하지 못한다.

STOP AND THINK

말란의 나담자의 삼각형(Triangle of Person)과 충돌의 삼각형(Triangle of Conflict)에 들어맞을 만한 예시를 떠올릴 수 있나요?

치료에서 일어나는 일

치료 장면에서 내담자는 자신의 과거에 있었던 인물들과 경험에 대해 이야기하지만, 방어된 방식으로 이를 표현한다. 흔한 예로, 사람들은 실제로는 현재 삶에 문제를 일으킨 과거 사건이 있었음에도, 정말 행복한 어린 시절을 보냈다고 말하는 것이다. 이는 치료사가 자신이 과거의 어린 시절이나 인물들에 대해 지니고 있는 숨겨진 감정을 알아차릴 것에 대한 불안을 방어하기 위해 나온 표현이다.

중요한 점은, 그 숨겨진 감정이 내담자 본인에게도 의식되지 않는다는 사실이다. 내담자는 이러한 방어 기제를 활용해, 해당 감정이 불러일으키는 고통으로부터 스스로를 보호하고 있다. 보통 이러한 숨겨진 감정은 과거의 인물에 대한 것이다. 대부분 부모와 관련되어 있지만 누구든 될 수 있다.

치료가 진행되면서 이러한 숨겨진 감정과 내담자가 맺었던 과거의 대인관계가 점진적으로 내담자와 치료자 간의 관계 안에서 나타나게 된다. 이렇게 함으로써 내담자는 방어 기제를 사용하지 않고도 불안에 직면할 수 있게 된다. 이런 방식으로 숨겨진 감정과 타인과의 관계를 탐색할 수 있게 되고 수용할 수 있게 된다.

말란은 저서에서 치료자와 내담자가 아홉 가지 단계를 거치게 된고 설명했다.

첫 번째 단계는 내담자가 방안에서 치료자와 함께 있는 것 자체를 견딜 수 있게 되는 것이다. 두 번째 단계는 과거에 일어난 어떤 일이 그들의 현재를 방해하고 있다는 사실을 이야기할 수 있는 단계이다. 이러한 과정은 숨겨진 감정에 직면하게 될 때까지 지속된다.

이 시점에 이르면 내담자는 '동화(assimilation)'에 도달하게 된다. 이는 과거의 문제를 처리하여 더 이상 이를 방어할 필요가 없음을 의미한다. 즉, 숨겨진 힘든 감정조차도 이제는 견딜 수 있게 되었다는 뜻이다.

사람마다 이 지점에 도달하는 데 걸리는 시간은 다르다. 어떤 사람들은 매우 빨리 이루어 내기도 하고, 다른 사람들은 몇 년이 걸릴 수도 있다. 이는 과거에 대한 방어 수준과 숨겨진 감정의 강도에 따라 달라진다.

말란은 다음과 같이 썼다(1979).

"대부분의 역동적 심리치료(dynamic psychotherapy)의 목표는 방어와 불안을 넘어 숨겨진 감정에 도달한 다음, 이 감정을 현재로부터 근원이 되는 과거로, 보통은 부모와의 관계로 거슬러 올라가 추적하는 것이다."

이 과정을 실천하는 것은 매우 세심함이 요구되는 일이며, 숙련된 치료사가 매우 신중하게 진행될 필요가 있다.

학습장애가 있는 사람들

학습장애가 있는 사람들을 대상으로 이러한 개념과 모델을 적용한 몇몇 사례가 존재한다. 이 사례에서는 학습장애가 있어도 이 모델을 활용할 수 있음을 보여주었다. 비록 어떤 이들은 완전한 동화 단계까지 가지 못하더라도, 과거로부터 비롯된 문제들을 의식 수준으로 끌어올려 다룰 수 있을 만큼은 작업이 가능하다.

학습장애가 있는 사람들은 자신의 삶을 비장애인과 같은 방식으로 언어적 표현을 하기 어려울 수 있으므로, 치료가는 더 창의적인 방법을 고려해야 한다. 이를 위해 치료사는 내담자의 행동을 세심하게 관찰하고, 동시에 내담자가 치료 과정의 여러 단계를 잘 통과하도록 돕기 위해 세션 중에 치료자 본인이 느끼는 감정에 더 많은 관심을 기울여야 한다.

STOP AND THINK

학습장애가 있는 내담자와 작업할 때, 치료사가 어떻게 이 모델을 활용할 수 있을지 생각해보세요.

Chapter

07 발레리 시나슨(Valerie Sinason)이 이해한 장애 문제

발레리 시나슨은 심리치료를 활용하여 학습 장애가 있는 사람들과 함께 작업한 선구자다. 그녀는 처음에 영어 교사로 경력을 시작했으나, 이후 심리치료사로서 훈련받았다. 그녀는 영국 런던의 타비스톡 클리닉(Tavistock Clinic)에서 근무했는데, 이곳은 심리치료를 담당하는 국가 중앙 기관으로 알려져 있다.

1980년대와 1990년대 초반에 시나슨은 동료들과 함께 그룹을 만들었다. 그들은 학습 장애가 있는 사람들을 대상으로 심리치료를 진행하기 시작했다. 이 그룹은 상호 지원과 감독을 통해 작업을 수행하였다. 그들은 함께 작업한 사람들에게서 매우 긍정적인 변화가 있다는 것을 목격하기 시작했다.

시나슨은 이러한 작업에 대해 1992년에 출간된 저서 『정신적 장애와 인간 조건(*Mental Handicap and the Human Condition*)』에서 기록했다. 이 책은 학습 장애가 있는 사람들도 심리치료로부터 혜택을 받을 수 있음을 보여준 최초의 저서 중 하나였다. 이 책에는 사례 연구와 실제 세션에서의 대화 내용이 포함되어 있다. 이 책은 매우 흥미로운 읽을거리를 제공하며, 치료 세션에서 어떤 일이 일어나는지에 대한 통찰을 제공한다. 책 속에서 시나슨은 그녀의 작업을 통해 도출된 여러 새로운 아이디어와 개념들을 소개했다. 이 장에서는 그러한 아이디어들 중 일부를 다루고자 한다. 하지만, 먼저 시나슨이 작업을 시작하기 이전에 학습 장애가 있는 사람들이 어떤 상황이었는지를 이해하는 것이 중요하다.

시나슨 이전의 상황

1980년대까지는 학습 장애가 있는 사람들은 일반적으로 정서적 사건에 영향을 받지 않는다고 생각했다. 그들은 장애가 있기 때문에 불쾌한 일을 이해하지 못하므로 그로 인한 고통을 경험하지도 않을 것이라고 여겼다. 만약 학습 장애가 있는 사람이 고통이나 문제 행동을 보인다면, 이는 그들의 상태나 학습 장애의 일부로 간주되었을 뿐, 다른 것과 관련될 거라 생각하지 않았다. 이들을 위한 가장 일반적인 치료 방법은 약물 치료나 행동 접근이었다. 이들 약물은 환자를 진정시키거나 의식을 잃게 만들어 '화학적 곤봉(chemical cosh)'으로 불리기도 했다.

그 당시의 행동 접근법은 현재처럼 정교하지 않았다. 적절한 행동에는 보상을 주고, 부적절한 행동은 무시하거나 처벌하는 방식으로 개입했다. 따라서 누군가가 고통스러운 행동을 보이면, 그 행동은 종종 무시되거나 처벌되곤 했다.

이제 우리는 학습 장애가 있는 사람들도 정서적 고통을 겪는다는 사실을 알고 있다. 학습 장애가 있는 사람들의 최대 40%가 인생의 어느 시점에서 정신 질환을 경험한다. 이는 비장애인의 거의 두 배에 달하는 수치다.

오늘날, 치료 방법은 훨씬 발전했다. 행동 접근을 할 때, 왜 그 사람이 그런 행동을 하는지, 그리고 그 행동을 통해 무엇을 얻고자 하는지를 살펴본다. 더 나은 방식으로 그들의 필요가 충족될 수 있도록 돕는 방식으로 지원한다. 또한, 사람들은 대화 치료와 같은 치료법에도 참여한다. 하지간, 이러한 진전에도 불구하고 학습 장애가 있는 사람들의 정서적 삶에 대한 이해는 여전히 부족하다.

발레리 시나슨의 작업은 이러한 상황을 변화시키고, 장애인에 대한 심리치료 발전에 기여했다. 그녀의 작업 이전에는 학습 장애가 있는 사람들은 심리치료로부터 혜택을 받을 만큼 지적 능력이 충분치 않다고 여겼다. 그 이유는 심리치료가 한 사람의 인생, 과거 및 경험한 사건들을 말로 풀어내고, 이것이 현재의 삶에 어떻게 영향을 미치는지를 이해하는 과정이기 때문이다. 학습 장애가 있는 사람들은 기억력, 언어 표현, 또는 혼란스러움 등의 문제로 어려움을 겪을 수 있어, 심리치료로부터 혜택을 받을 수 없다는 인식이 있었다.

시나슨 이전에도 학습장애가 있는 사람들에게 심리치료를 시도하기도 했다. 1933년에 클라크(Clark)는 학습 장애가 있는 사람들을 대상으로 수행한 성공적인 작업을 발표했다. 하지만 불행하게도 제2차 세계대전으로 그의 작업은 중단되었고 이후 다시 이어지지 않았다. 시나슨의 작업은 사람들이 심리치료로부터 크게 혜택을 받을 수 있음을 다시 한 번 보여주었다. 그녀는 이 접근의 최근 발전의 주된 원동력이 되어 왔다.

다름의 고통(The pain of difference)

시나슨에게 있어 이는 핵심적인 문제였다. 그녀는 장애가 있는 사람들이 종종 경험하는 비장애인과 다르다는 것으로 인한 정서적 고통을 설명했다. 자신과 비장애인 사이에 존재하는 차이의 크기와 관계없이, 그들이 그 차이로 인한 정서적 고통을 다루는 것은 매우 어려운 일이다. 시나슨은 사람들이 차이를 받아들이기보다는 오히려 자신의 장애를 과장하는 편이 더 쉬울 수 있다는 점을 지적했다. 이는 종종 그들의 지적 능력이 감춰지고 잠재력이 제한되는 결과를 초래하곤 한다.

시나슨은 사회가 차이로 인한 고통을 인식하는 것을 원하지 않기 때문에 이러한 고통을 강조하는 것이 중요하다고 보았다. 사람들에게 너무 큰 고통이 있다는 사실을 직시하는 것은 감당하기 어렵기 때문이다. 과거에는 사회적으로 학습 장애가 있는 사람들이 감정을 느끼지 못한다고 치부함으로써 이들이 이러한 고통을 경험하고 있는 것을 부정했다.

'2차적 핸디캡(Secondary Handicap)'

시나슨은 자신이 만난 많은 고통받는 사람들이 태어날 때부터 가진 장애 외에, 자신이 '2차적 핸디캡'이라고 부르는 것을 지니고 있다는 것을 알게 되었다. 그녀는 다음과 같이 설명한다:

> '개인이 1차적 손상을 방어하기 위해 사용하는 또는 남용하는 방식은 때때로 원래의 핸디캡보다 더 강력할 수 있다.'

2차적 핸디캡은 개인이 지니고 있는 정서적 문제와 고통에 대한 반응으로 나타나며, 실제로 학습 장애를 악화시킬 수 있습니다. 이는 개인에게 이를 다루는 것과 관련된 또 다른 층위의 어려움을 야기하고, 그들이 잠재력을 온전히 발휘하는 것을 방해한다.

2차적 핸디캡을 이해하려면, '장애'(disability)란 그 사람이 갖고 태어나는 것 혹은 그들을 불리하게 하는 방식으로 삶에서 발전하는 것임을 기억하는 것이 중요하다. 장애(handicap)는 그 자체로도 살아가면서 어떤 일을 수행하거나 성취하는 것을 어렵게 만든다. 따라서, 2차적 핸디캡은 이러한 태생적인 장애에 더해 개인을 더욱 불리하게 만드는 요소로 작용한다.

2차적 핸디캡은 여러 가지 형태로 나타날 수 있다. 예를 들어, 그 사람이 태어날 때 가진 장애로 예상되는 것보다 지적 능력이 떨어지는 경우, 또는 자해 행위나 스스로에게 폭력을 행사하는 경우가 있을 수 있다. 아니면, 부적절한 성적 행동을 보여 취약해지는 경우도 있다.

이러한 2차적 핸디캡이 나타나는 방식은 종종 그 사람이 겪은 트라우마를 반영한다. 다시 말해, 폭력을 경험한 사람은 자해를 하거나, 성적 학대를 당한 사람은 부적절한 성적 행동을 보일 가능성이 있다.

STOP AND THINK

2차적 핸디캡에 대해 생각해보세요. 아래 시를 읽고 그 의미를 생각해 보세요. 몇 번 읽어야 할 수도 있습니다.

머리 두드리는 사람

'그 남자는 텔레비전을 제대로 차버렸다
그래서 그는 '쾅쾅'하며
그의 거대한 주먹으로
뇌 속의 고집스러운 간섭을 내리쳤다.
그의 손가락 관절엔 혹이 생기고
이마엔 움푹 파인 자국이 생겼으나
화면은 전혀 변하지 않았다.
그의 어머니는
붕대와 플란넬, 헬멧과 포옹을 건네면서도
'새대가리'라고 외쳤다.
그녀는 결코 제자리를 찾지 못할
반쯤 뜬 상태로 눈을 깜빡이는
부상당한 독수리를 볼 수 있었다.
그리고 그가 눈을 활짝 뜨자
그는 텔레비전을 산산조각 냈다.'

이 시에서 시나슨은 사람들이 자신의 장애에 대해 지니고 있는 고통과, 그 고통이 2차적 핸디캡으로 어떻게 나타날 수 있는지를 표현하고 있다. 시 속의 남자는 자신에게 폭력을 행사하는 모습을 보인다. 그는 뇌 속의 '혼란'을 바로잡으려는 시도로 이러한 행동을 하고 있다. 그 이유는 누군가가 텔레비전에 문제가 생겼을 때 때려서 해결하는 모습을 보았기 때문이다. 또한, 이 남자가 오랜 시간 동안 스스로에게 이런 행동을 계속 해왔다는 느낌을 준다. 이는 그가 가진 장애와 뇌 속 혼란으로 인해 느끼는 고통 때문에 발생하는 2차적 핸디캡의 한 예라고 할 수 있다.

시의 마지막 부분에서 자신과 텔레비전에 가한 폭력은 그가 태어날 때부터 가지고 있던 장애보다도 더 그를 불리하게 만들며, 그의 잠재력을 억제하고 있다. 만약 이 남자에게 자신의 장애에 대한 정서적 고통을 처리할 기회가 주어졌다면, 그는 자신과 주변 사물에 대해 보이는 공격성을 어느 정도 멈출 수 있게 될지도 모른다.

2차적 핸디캡의 세 가지 유형

시나슨은 자신의 저서에서 2차적 핸디캡의 세 가지 유형에 대해 언급한다. 아래에서는 이 세 가지 유형을 좀 더 자세히 설명한다. 이 세 가지 유형은 함께 나타날 수도 있다.

◆ 경미한 2차적 핸디캡

장애가 있는 사람들에 대해 생각할 때 어려운 사실 중 하나는, 그들이 때때로 주변 사람들에게 전적으로 의존한다는 점이다. 그들은 일상적인 지원, 심지어 음식, 주거, 안전을 제공받기 위해 돌봄 제공자를 필요로 한다.

이러한 어려운 현실 때문에, 시나슨은 어떤 사람들은 돌봄제공자들을 기쁘게 하고 그들이 화내지 않게 하기 위해 자신을 '전면에 내세우기(put on a front)'방식으로 표현한다고 말한다. 그들은 이렇게 행동함으로써 돌봄 제공자들을 기쁘게 하고 자신을 계속 지원해 주기를 바란다. 하지만 이런 식으로 행동한다는 것은, 자신이 느끼는 정서적 고통과 괴로움을 억압하거나 '억누르기' 해야 한다는 의미이다. 왜냐하면 그것을 드러내면 돌봄 제공자들을 불편하게 할 수 있기 때문이다.

'마치 사람들이 장애인 한 명과 함께 하는 것을 감내하는 것만으로도 충분하다고 생각하는 것처럼, 어떠한 고통이나 불행까지도 함께 감당할 필요는 없다고 여기는 것이다.'

이러한 행동은 무의식 중에 이루어지며, 본인도 자신이 무엇을 하고 있는지 인식하지 못할 수 있다. 이는 위니컷이 제시한, 아이가 양육자가 원하는 것에 자신을 맞추고 자신의 진정한 욕구와 감정을 억누름으로써 '거짓 자아(false self)'가 발달하는 것과 유사하다.

결과적으로, 개인은 모든 고통과 분노를 내면에 감추고 표현하지 않는다. 이러한 억압은 그 사람이 이미 손상된 지적 능력을 더 악화시키는데, 이는 이러한 억압에 에너지가 필요하기 때문이다. 결국, 그 사람은 원래 태어날 때 가진 장애보다도 더 큰 장애를 겪게 된다.

STOP AND THINK

여러분의 삶에서 스트레스나 고통을 느꼈던 순간들을 떠올려 보세요. 그때 여러분이 사고를 명료하게 하거나 무언가를 기억하는 것이 평소보다 어렵다는 것을 알아차렸던 적이 있나요? 고통받는 사람의 경우, 이러한 현상이 그들의 지적 능력에 영향을 미칠 수 있습니다. 이제 여러분이 그러한 고통이나 불안을 감추려고 했던 경험이 있다면, 그 감정을 숨기려고 했을 때의 기분을 떠올려 보세요. 고통과 괴로움을 숨기려는 시도로 인해 경미한 2차적 핸디캡을 겪는 사람에게는, 이러한 상태가 영구적으로 지속될 수 있습니다.

시나슨은 자신의 감정과 상관없이 미소를 짓고, 언제나 행복해 보이려고 애쓰는 사람들에게서 "손상된 미소(handicapped smile)"를 보게 된다고 말했다. 이 손상된 미소는 실제로 주변 사람들이 그 사람의 고통과 괴로움을 보지 못하도록 보호하기 위해 사용된다.

> "정신적 · 신체적 고통을 겪고 있는 사람은 일반 인구보다 웃거나 행복함을 느낄 이유가 적음에도 불구하고, 바로 그 때문에 기쁨의 징후를 보이도록 엄청난 압박이 가해진다."

시나슨의 이 말은 사회가 사람들이 자주 느끼는 고통과 괴로움을 받아들이고 다루기 힘들어하기 때문에, 고통과 괴로움을 숨기라는 압박도 존재함을 의미한다. 이는 장애인의 경우, 이를 다룸에 있어 더 많은 문제를 갖게 됨을 의미한다.

오로지 자신의 감정을 표현하고 자신의 장애를 받아들일 때만, 개인은 행복한 척을 하는 것이 아닌 진정한 행복을 경험하면서 정상적인 삶을 회복할 수 있다. 이러한 일이 허락되지 않는다면, 그들의 잠재력은 영원히 제한될 것이다.

◆ 기회주의적 핸디캡(Opportunist Handicap)[2)]

시나슨이 언급한 또 다른 2차적 핸디캡은 바로 '기회주의적 핸디캡'이다. 이는 평생에 걸쳐 장애로 인해 누적된 정서적 고통을 의미한다.

---

2) 역자 주: 이 용어에서 기회주의자(Opportunist)는 장애인 당사자를 지칭하기 보다 장애인이 속한 사회를 지칭하는 것이다. 사회가 당사자의 장애를 기회 삼아 그들을 착취하고 이용한다는 것이다. 시나슨은 장애로 인해 당사자들이 경험하는 착취와 외상 경험이 사회적인 것임을 강조하기 위해 이 용어를 사용한 것으로 보인다.

윈니컷과 볼비의 이론을 떠올려보면, 그들은 초기 몇 년간의 경험은 이후 견고한 정신 건강의 토대를 만드는 것임을 강조했다. 본문에서 보았듯이, 초기의 1차적 돌봄 관계와 애착이 장애로 인해 영향을 받을 수 있다. 이로 인해 개인은 이후의 삶에서 정신 건강에 문제가 생길 가능성이 높아진다. 또한, 그들은 착취나 외상에 노출될 위험이 커진다. 그들은 대인 관계에서 문제가 되는 행동을 보이거나 다른 사람과 질 낮은 관계를 맺을 수 있다. 정서적 기반이 강하지 않기 때문에 그들은 이후의 삶에서 발생하는 추가적인 어려움으로 인한 심리적 영향에 더 취약할 것이다.

시나슨이 말하는 '기회주의적 핸디캡'은 평생 동안 장애로 기인된 모든 정서적 동요가 누적된 결과를 의미한다. 이러한 누적된 고통은 그 사람을 태어날 때부터 가진 장애보다도 더 큰 장애를 경험하게 만든다.

◆ 방어로 사용되는 2차적 핸디캡 (Secondary Handicap as a Defence)

시나슨이 언급한 세 번째 2차적 핸디캡은 트라우마에 대한 '방어'로 사용되는 경우이다. '방어'란 정서적 고통이 느껴지지 않도록 차단하는 심리적 기제다. 이는 종종 무의식적으로 작동하여, 우리는 이를 인식하지 못한다. 부정은 매우 흔한 방어 기제로, 고통스러운 감정을 의식 밖으로 '밀어내'어 생각하지 않게 만든다.

이 유형의 2차적 핸디캡에서는, 개인은 장애 외에도 겪은 특정 트라우마로부터 자신을 보호하기 위해 이러한 방어 기제를 사용한다. 불행하게도, 장애가 있는 사람들은 인생에서 겪는 트라우마에 훨씬 더 취약하다. 통계에 따르면, 학습 장애를 가진 사람들은 일반 인구보다 성적 학대나 폭행, 신체적·언어적 학대에 더 취약하다. 또한, 이들은 상당한 상실을 경험하는 경우가 많다.

다음 사례는 시나슨의 저서에서 발췌한 것으로 성적 학대를 당한 어린 소녀의 2차적 핸디캡을 잘 보여준다.

마리아(Maria)

마리아는 학습에 어려움이 있는 5세 소녀입니다. 그녀는 학대 경험을 더 많이 표현할 수 있게 되자, 지능이 회복되는 모습을 보였습니다. 한 세션 중에 그녀는 '아빠 인형'의 머리를 찢어버렸습니다.
'멍청한 아빠, 난 그의 머리를 버렸어. 이제 그는 단지 몸뿐이야. 그는 볼 수도, 들을 수도, 알 수도 없어. 아빠는 지금 생각할 수 없기 때문에 내가 아빠에게 하고 있는 일을 모를 거야.'
그녀는 인형을 방 건너편으로 내던지며 화를 내며 웃었고, 이어 '엄마 인형'에게도 같은 행동을 보였습니다. 마리아는 나와 그녀의 부모에게, 머리와 시야, 지능을 잃은 자신의 느낌을 알리고 싶어 했습니다. 그러나 실제로 마리아는 학습 장애를 가진 것이 아니었습니다. 그녀의 학습 어려움은 정서적 기반을 가지고 있음이 분명했습니다.

시나슨은 왜 이러한 유형의 2차적 핸디캡이 흔하게 발생하는지, 사람들이 왜 학대를 무시하고 오해 또는 어느 정도 '멍청한' 척을 하며 숨는지를 설명하려고 시도한다. 여기서 '멍청함'은 무의식이나 멍해진 상태, 즉 인식하지 못하는 상태를 의미한다. 그녀는 다음과 같이 말한다.:

'만약 살아남기 위해 머리를 잘라낸다면, 너의 지능은 파괴된다. 만약 안다는 것과 본다는 것에 끔찍한 것을 아는 것과 보는 것이 포함된다면, 모르는 것이, 멍청해지는 것이 방어 기제가 되는 것은 놀라운 일이 아니다.'

이는 개인이 자신이 겪은 트라우마나 상실에 대해 생각할 능력이 줄어들어, 그 상태를 유지함으로써 계속해서 살아갈 수 있게 됨을 의미한다. 그러나 그 대가로, 그들의 학습 장애는 악화되고 인지 능력이 저하되어 삶이 더욱 어려워지게 된다.

◆ '멍청함'의 의미

시나슨은 일반적으로 모욕이나 경멸의 의미로 사용되는 '멍청하다(stupid)'라는 단어가 실제로 '슬픔에 무감각해짐'을 의미하는 'stupefy"에서 유래되었다고 설명한다. 이러한 맥락에서, 누군가가 자신의 장애나 핸디캡을 과장하고, 경험한 고통과 괴로움을 직면하기보다는 자신만의 세계로 후퇴하는 것이 설명된다.

특히, 그 사람이 도움 없이 혼자서 외상적 경험을 감당해야 할 때, 고통과 괴로움을 피하기 위해 자신만의 세계로 후퇴하는 것은 더욱 그럴듯하게 여겨진다.

인지 및 정서 지능

시나슨은 자신의 작업을 통해, 사람들이 심리치료의 혜택을 받기 위해 반드시 '충분한 지적 능력을 갖춰야 한다'는 믿음이 틀렸음을 입증해 보였다. 그녀는 경증부터 심각한 학습 장애를 가진 사람들과 작업했다. 그녀는 책에서 함께 작업한 사람들과 만들어 낸 강렬하고 감동적인 변화를 공유하고 있다. 시나슨은 이전에 생각되었던 것처럼 심리치료를 통해 이득을 보기 위해 특정 수준의 인지 지능이 반드시 필요하지 않음을 보여주었다. 오히려 인지 또는 지적 능력이 다소 부족하더라도 뛰어난 '정서 지능'을 가질 수 있으며, 이것이 심리치료의 혜택을 받는 데 중요한 요소임을 강조했다.

'아무리 외부 기능적 지능이 손상되었더라도, 복잡한 정서 구조와 역량은 온전할 수 있다.'

시나슨은 다운 증후군을 가진 24세 여성의 사례(스톡스, 1987)를 인용하며, 그녀가 자신의 탄생에 대해 느낀 감정을 이렇게 표현한 것을 예로 들었다.:

"난 다시 엄마 뱃속에 있고 싶었어. 밖으로 나올 이유가 뭐였을까 – 난 지하철을 타고 밀려 나왔고, 그들은 나를 작게 느끼게 해. 그곳은 참 좋았어. 난 왜 태어났고, 왜 엄마가 나를 이렇게 키웠는지 생각했어."

이 사례는 그 여성이 인지 지능 측정에서는 높은 수행 수준을 보이지는 않았더라도 자신의 탄생에 대한 감정을 묘사하는 데 있어 얼마나 풍부한 정서 지능을 보였는지를 보여준다.

심리치료의 중요한 특징 중 하나는 내담자가 자신의 감정을 표현하고 자신의 이야기를 할 수 있도록 돕는 것이다. 내담자가 가진 의사소통의 어려움을 극복할 수 있도록 치료 방식을 그 사람의 특정한 요구에 맞게 변형되어야 한다. 이러한 변형은 그림 그리기, 연극, 혹은 창의적 활동을 통해 이루어질 수 있다.

치료의 효과

시나슨은 내담자가 자신의 고통과 괴로움을 차단하거나 어려운 행동으로 표출하는 대신, 이를 처리할 수 있도록 돕게 되면 2차적 핸디캡이 줄어드는 것을 발견했다.

시나슨과 다른 치료사들은 이러한 방식으로 작업할 때 내담자의 까다로운 행동(difficult behavior)이 멈추거나 감소한다는 것을 자주 목격했다. 내담자가 치료사에 대한 신뢰를 쌓고 치료에 익숙해지면, 언어 능력이 향상된다. 종종 인지 능력 또한 치료 과정을 통해 개선된다.

이러한 변화는 2차적 핸디캡을 '놓아버리는' 사례라 할 수 있다. 그들은 자신의 정서적 고통을 처리함으로써 더 이상 자신을 보호할 필요가 없어진 것이다. 내담자가 겪은 일이 여전히 외상적이고 어려울지라도, 그것을 차단하지 않아도 될 정도로 감당할 수 있게 된 것이다. 내담자는 2차적 핸디캡이 야기하는 추가적인 문제를 더 이상 갖고 있지 않게 되며, 자신의 잠재력을 향해 나아가며 자신의 삶을 살아갈 수 있게 된다.

이것이 내담자의 학습 장애 자체를 제거하거나 '치유'하는 것이 아니라는 것을 강조하는 건 중요하다. 이것은 그들의 어려움을 가중시키던 2차적 핸디캡을 제거한 것이다. 2차적 핸디캡이 줄어들면, 내담자는 정서적 고통이나 외상 이전의 수준으로 기능할 수 있게 된다.

요약

발레리 시나슨은 매우 생각하기 어려운 여러 주제와 문제들을 소개한다. 그녀는 우리 사회에서 학습 장애가 있는 사람들이 대우받는 방식이 종종 그들의 장애를 더욱 심각하게 만든다는 점을 상기시킨다. 사람들은 외상적 경험을 할 수 있지만, 그들의 정서적 고통을 주변 사람들이 감당하기 어려워하기 때문에 미묘한 방식으로 그들의 정서적 고통을 드러내지 못하게 한다.

시나슨은 또한, 이러한 고통과 외상을 부정하는 것을 멈추고 그것이 존재함을 인정한다면, 우리가 그들의 괴로움을 처리하도록 도울 수 있음을 분명하게 보여준다. 그렇게 되면 그들은 정서적 해방을 경험할 뿐 아니라, 자신을 보호하기 위해 사용해 왔던 2차적 핸디캡을 놓아버릴 수 있게 된다.

그 결과, 내담자는 보다 행복하고 만족스러운 삶을 향해 나아갈 수 있으며, 잠재력을 충분히 발휘할 기회를 얻을 수 있다. 더 견고한 자기감을 가진 채 더 독립적이 될 수 있으며 지원의 필요성도 줄어들 수 있다.

Chapter

08 관찰 및 개입
: FAIT 도구 활용하기

소개

이 장에서는 마가렛 말러(Margaret Mahler)와 그녀의 동료들이 유아의 정서 발달을 관찰하고 이해하면서 개발한 구조를 다시 살펴보고자 한다. '지적 장애에서 외상이 미치는 영향에 대한 프랑크식 평가(Frankish Assessment of the Impact of Trauma in Intellectual Disability, FAIT)' 도구는 이러한 정서적 발달을 평가하고 효과적인 개입을 유도하는 데 유용하다. 이 장에서는 발달 단계별 행동을 다시 한 번 살펴보고, FAIT 도구를 사용하여 이러한 행동을 어떻게 도식화(mapping)할 수 있는지 구체적으로 설명합니다.

평가 수행

정서적으로 어려움을 겪고 있는 개인의 정서적 발달 단계를 확인하기 위해서는, 3장에서 설명한 Margaret Mahler의 이론을 바탕으로 한 관찰을 수행할 필요가 있다. 연구에 따르면 이를 확인하는 데 일정한 시간이 필요하며, 40분 정도면 충분하다. 평가하는 방법을 배우기 위해서는 일정 수준의 연습이 필요한데, 대부분의 사람들은 두세 번 시도하면 능숙하게 할 수 있다.

- 먼저 40분 동안 관찰할 사람을 결정한다.
- 사람을 20초 동안 관찰한다.
- 다음 40초 동안 관찰한 내용을 정확하게 기록한다.
- 이 과정을 40분 전체가 완료될 때까지 반복한다.
- 각 관찰 지점(20초 단위)을 말러의 이론에 따라 평가한다.

FAIT 도구와 발달 단계 매핑하기

공생 단계

공생 단계는 생후 몇 주 동안의 신생아 시기를 말한다. 이 단계에서 어머니와 아기는 여전히 하나로 연결되어 있는 것처럼 보인다. 위니컷에 묘사에 따르면, 이 시기에 어머니와 아기가 매우 밀접하게 얽혀 있는 관계를 맺는다.

이를 **공생적 관계**라고 부른다. 이 단계에서 아기는 모든 필요를 충족시키기 위해 전적으로 어머니에게 의존한다. 이 단계는 매우 드물게 관찰되므로 FAIT에는 포함되지 않았다.

분화 단계

분화 단계는 아기가 자기 자신과 자신의 신체 부위에 대한 인식을 발달시키기 시작하는 시기이다. 이 단계는 생후 몇 주부터 시작하여 약

9개월까지 지속된다. 이 시기 아기들은 자신의 손, 발, 때로는 생식기를 바라보고 가지고 노는 행동을 보인다. 또한, 자신이 누워 있는 침대나 유모차, 주변의 장난감 등 인접 환경을 인식하기 시작한다. 이 단계에서 아기는 자신을 둘러싼 매우 제한된 공간만을 인식하며, 자신이 그 작은 공간 내에 존재한다는 사실을 깨닫기 시작한다.

분화 단계에서 나타나는 모든 행동은 '자기참조적 행동(self-referenced behaviours)'이라고 부른다. 이는 아기가 하는 모든 행동이 자기 자신에 대한 혹은 자신을 참조하여 하는 것임을 의미한다. 이는 다른 사람에게 영향을 주기 위한 것이 아니다. 아기가 소리를 지르거나 울어서 다른 사람에게 영향을 주는 행위조차도 아기가 그런 행동을 하는 이유는 자신의 필요(예: 배고픔이나 추위 등) 때문이다. 그래서 아기는 주변 사람도 자신의 필요를 충족시켜주는 관점에서만 인식한다. FAIT에서는 이러한 행동을 1로 평정한다.

연습 단계

아기의 뇌 발달은 매우 빠르게 진행된다. 이 빠른 뇌 발달 덕분에 아기는 짧은 주기로 새로운 행동이나 기술을 수행할 수 있게 된다. 말러는 아기가 새로운 기술을 습득하게 되면 이를 반복적으로 '연습(practice)'하기 시작한다는 것을 발견했다. 아기는 그 기술을 계속해서 연습하여 결국에는 능숙하게 수행할 수 있게 된다.

예를 들어, 아기가 유모차에서 딸랑이를 던지는 행동을 반복하거나, 뒤집히기, 기기, 서기와 같은 다른 행동들을 배우는 것이 이에 해당한다.

이 단계는 약 9개월에서 시작되어 15개월까지 지속된다. 물론 아기는 다른 시점에도 행동을 연습하지만 이때가 주된 연습 단계이다.

이 시점에서 아기가 특정 행동을 잘 할 수 있게 되면, 뇌의 빠른 발달 덕분에 다른 새로운 행동이 가능해진다. 그러면 아기는 새로운 행동을 연습하기 시작한다.

연습 단계에서 가장 중요한 것은 아기를 관찰하며 주의를 기울여 주는 사람이다. 말러는 아기가 자신의 행동을 누군가가 보고 있다는 것을 인식하면 연습을 계속한다는 것을 발견했다. 하지만, 아무도 자신을 보고 있지 않다고 생각하면 연습을 덜 한다. 이는 새로운 행동을 배우는 속도를 늦춘다. FAIT에서 이 단계는 2로 평정한다.

접근 단계(Rapprochement Stage)

접근(rapprochement)이라는 단어는 '주고받기'를 의미한다. 주고받는 것은 관계에서 매우 중요한 기술이다. 이 단계에서 아기는 주 양육자와 양방향 혹은 상호적인 관계를 형성하기 시작한다. 이 단계는 두 가지 하위 단계인 초기 접근과 후기 접근으로 나뉜다. 이는 약 15개월에서 3세 반까지 진행된다.

◆ 초기 접근(Early Rapprochement)

초기 접근 단계는 아기가 주고받기를 배우기 시작하는 시기이다. 이는 약 15개월에 시작되어 2세까지 계속된다. 아기가 초기 접근 단계로 넘어간 첫 번째 신호는 '아니요'라고 말하거나, 멀리 가버리는 것(walks away)이다. 이는 양방향 협상의 시작을 의미한다.

이제 아기가 이 단계로 들어가면 부모에게 도전적인 시기가 될 수 있다. 흔히 이 단계를 '미운 세 살[3](terrible twos)'이라고 부른다. 이 시기에 아기는 '까꿍 놀이'나 'round and round the garden[4]' 놀이 등에 관심을 가지게 되는데, 이는 양 방향 소통과 주고받기를 경험하는 놀이이다. 이 단계는 FAIT에서 3점으로 평정된다.

◆ 후기 접근(Late Rapprochement)

후기 접근 단계는 아기가 독립성으로 나아가기 시작하는 시기이다. 이 단계에서는 아기가 자신의 필요를 요구하고 협상하는 과정에서 더욱 도전적인 모습을 보일 수 있습니다. 이 단계는 약 2세에서 3세까지 계속된다.

이 시기에 아기는 또한 부모나 주 양육자와 떨어져 있는 거리를 서서히 늘리기 시작한다. 이는 불안이 관리되는 수준 안에서 진행된다. 이는 윈니컷(1964)과 볼비(1988)이 언급한, 아기가 어머니(또는 '안전 기지')로부터 점차 벗어나 자신감을 갖고 세상을 탐험하는 과정과 유사하다.

이 단계에서는 아이가 압도당하지 않도록 불안이 관리 가능한 것이 매우 중요하다. 아이는 스스로 감당할 수 있는 작은 단계들을 통해 점차 독립해 나간다. 예를 들어, 놀이 모임에서 아이는 처음에 어머니의 발치에 앉아 있을 수 있다. 몇 달이 지나면 아이는 어머니로부터 조금 떨어

---

3) 역자 주: 우리나라에서는 얼마 전까지 15개월에서 만 2세 사이 아이들은 3세 아이로 구분되어 독자들에게 미운 두 살이라는 용어보다 미운 세 살이라는 용어가 익숙할 것으로 예상되므로 이렇게 번역하였다.

4) 역자 주: 엄마와 아기가 함께 round and round the garden이라는 노래를 부르면서 손가락 놀이를 하는 것

져 바닥 한가운데에서 다른 아이들과 함께 놀기 시작한다. 이때 아이는 어머니의 위치를 계속 확인하며 논다. 아이가 후기 접근 단계로 진입하면, 어머니로부터 더 멀리 떨어져 놀이를 할 수 있게 된다. 어머니가 어디에 있는지에 대해 불안해하지 않게 된다.

이 단계에서 아이가 자신감을 느끼는 것을 돕기 위해 '정서적 충전(emotional refuelling)'이 매우 중요하다. 이는 아이가 부모가 어디인는지 살피고, 눈을 맞추는 것이다. 이 때의 눈맞춤은 아이에게는 정서적 에너지를 얻는 것이며 자신감을 갖게 돕는다. 그런 후 아이는 양육자와 떨어진 곳에서도 기분 좋게 놀이를 계속할 수 있다.

양육자로부터 떨어져 나갈 수 있는 자신감을 갖게 됨으로써 아이는 세상을 탐험하기 시작할 수 있다. 이를 통해 주변 세계에 대해 배운다. 또한, 아이는 세상에서 자신의 위치를 이해하기 시작한다. 이 단계는 FAIT 평가에서 4점으로 평정된다.

개별화 단계(Individuation Stage)

아이들이 위의 단계들을 원활하게 지나면 개별화 단계에 도달한다. 이 단계에서는 아이가 주 양육자로부터 분리되어도 불안이 관리 가능한 상태가 된다. 여기서 주의할 점은, 불안이 전혀 없는 상태가 아니라는 것이다. 어느 정도 관리가능한 불안이 있는 것은 정상적이며 때로는 도움이 되기도 한다. 다시 말해, 이 단계에서 불안이 관리 가능하다는 것은 부모나 주 양육자와 떨어져 있을 때 불안에 압도당하지 않는 상태를 의미한다.

어떤 아이들은 '접근 위기(rapprochement crisis)'를 겪으며 개별화 단계에 도달한다. 이 위기는 아이가 주 양육자가 곁에 없다는 것을 깨닫고 불안과 고통을 느끼며 때때로 분노 발작을 일으키는 것을 의미한다. 이후 아이는 그 상황을 다룰 수 있다는 것을 깨닫게 된다.

개별화란 아이가 양육자와 떨어져 있음을 알면서도, 그에 따른 불안을 관리할 수 있음을 의미한다. 개별화 단계에 도달하는 것은 아이의 '심리적 탄생'이기도 하다. 아이가 부모와 별개의 독자적인 정체성을 확립한 시기이다.

이 시점에서 아이는 심리적으로 자신만의 발로 서서 독립적인 인간으로 성장할 수 있게 된다. 개별화된 아이들은 보통 의뢰 대상이 되지 않으므로, 이 단계는 FAIT 평가에 포함되지 않는다.

이 모든 내용은 FAIT(Frankish Assessment of the Impact of Trauma)에 설명되어 있다.

평가를 개입에 연결하기

관찰을 통해 아이의 정서 발달 단계를 파악할 수 있다. 이 단계에서는 인지 발달 단계와 신체 연령과 연계되어 개인의 발달 불일치 정도를 산출하게 된다. 이를 통해 고통스러운 행동(distressed behavior)의 의미를 상당히 명확하게 이해할 수 있게 된다.

다음 페이지에서 자유롭게 복사할 수 있는 관찰 기록지 템플릿을 찾을 수 있다. 또는 www.pavpub.com/fait－resources에서 PDF나 워드 문서를 다운로드하여 인쇄할 수 있다.

Deepak

Deepak은 30세 남성이지만, 인지 기능은 약 8세 수준이고 정서 발달은 18개월 수준으로 측정됩니다. 그는 혼란스러운 메시지들로 인해 자아 감각을 유지하거나 확립하는 데 어려움을 겪을 것입니다. 일부 사람들은 그가 30세 남성처럼 행동하기를 기대할 것이고, 또 일부는 그의 인지적 장애를 감안하겠지만, 그의 내면이 돌봄을 필요로 하는 유아라는 사실을 알아차리는 사람은 소수입니다.

이는 간단한 도표로, 필요하다면 종이에 1부터 40까지의 숫자를 적고 그 옆에 관찰 내용을 기입하는 방식으로 쉽게 활용할 수 있다.

관찰 기록지

아래의 표에 40분간의 관찰 내용을 기록하십시오. 20초 동안 관찰한 후, 그 내용을 40초 동안 정확하게 기록하고, 이를 반복하여 총 40회의 관찰 기록을 작성합니다. 40회의 관찰이 끝나면, 기록한 내용을 검토하고 아래 기준에 따라 각 관찰 항목에 해당하는 점수에 체크하여 등급을 매기십시오.

1=분화 단계　　　　2=연습 단계

3=초기 접근 단계　　4=후기 접근 단계

관찰한 내용을 기록하기		등급			
		1	2	3	4
1					
2					
3					
4					
5					
6					
7					
8					
9					
10					
11					
12					
13					
14					
15					
16					

관찰한 내용을 기록하기		등급			
		1	2	3	4
17					
18					
19					
20					
21					
22					
23					
24					
25					
26					
27					
28					
29					
30					
31					
32					
33					
34					
35					
36					
37					
38					
39					
	전체				

개입

일반 사항

의뢰받은 대부분의 사람들은 매우 고통스러워한다. 이들은 지적 장애와 추가적인 문제들을 가지고 있다. 만약 단지 장애만 있었다면 보통은 특수 교육을 통해 큰 어려움 없이 성인 생활로 나아갔을 것이다. 장애 자체가 자동적으로 행동 문제나 정신 건강 문제를 유발하는 것은 아니다. 반드시 다른 요소가 존재한다. 그 요소는 바로 외상(trauma)이다. 외상 반응의 원인은 개인마다 다르다. 한 사람에게 외상으로 작용하는 것이 다른 사람에게는 그렇지 않을 수 있다. 정서 발달이 정체된 단계를 파악하는 것은 외상 사건에 대한 단서를 제공한다. 그 표현 방식은 추가적인 정보를 준다. 예를 들어, 자신에게 폭력을 행사하는 사람과 다른 사람에게 폭력을 행사하는 사람과는 다른 외상 경험을 했을 것이다.

평가가 완료되어 외상의 유형과 시기가 파악되면, 개입 계획을 세울 수 있다. 개별화(individuation) 단계에 이르기 전의 외상 경험자는 항상 접근 가능한 '중요한 타인(significant other)'이 필요하다. 분화, 연습, 그리고 초기 접근 단계에 있는 경우에는 일대일로 지원해 줄 수 있는 사람이 필요하다. 후기 접근 단계에 이르면, 지원 인력이 항상 눈에 띄지 않더라도 존재한다는 것을 공유하고 받아들일 수 있게 된다. 때로는 지원 인력을 한 명 이상 배치해야 할 때도 있지만, 적절한 지원이 제공되면 시간이 지나면서 그 수는 줄어들 수 있다. 70세 또는 80세까지 살 가능성이 있는 20세 청년에게는 몇 년이 걸리더라도, 그들이 성장하여 자아 감각을 확립하고 평범한 삶을 살아갈 수 있도록 돕는 것은 모든

면에서 '투자할 가치'가 있다.

일부 사람들은 자신과 타인에게 심각한 위해를 가하여 최대 6~7명의 인력에 의해 제지되는 시설에 배치되기도 한다. 이런 상황 자체가 외상적이다. 이들은 안전실(safe room)에서 머무르는 것이 더 낫다. 안전실에서는 부드러운 내부 마감과 낮은 자극 환경, 그리고 차분해질 때까지 들을 수 있는 잔잔한 음악이 제공되어야 한다. 지원 인력은 문을 통해 언어로 소통하며, 내담자가 나올 준비가 되는 즉시 지원할 수 있어야 한다. 이를 위해 인력들은 항상 지원적이어야 하며, 처벌적인 태도를 취해서는 안 된다. 즉, 고통스러운 행동을 처벌하기보다는 돕고 이해하려 노력해야 한다. 이러한 체계가 작동하기 위해서는 직원 교육과 지원이 필수적이다. 또한, 내담자가 없는 거 자체가 직원들에게 보상이 되는 상황이 발생하는 위험이 있으므로 이는 결코 허용되어서는 안 된다. 실제로 안전실에 계속 갇혀 있다가 일부 내담자가 젊은 나이에 사망한 안타까운 사례도 있었다. 안전실을 잘 관리하는 것은 매우 중요하다.

단계별 개입 및 실천을 설계하기

분화 단계

발달 단계에 맞는 구체적인 개입은 이미 알려진 요소들을 바탕으로 구축된다. 분화 단계에 있는 사람에게는 어떤 요구도 하지 않아야 한다. 모든 것을 무조건적이고 자유롭게 제공해야 하며, 감사나 반응을 기대해서는 안 된다. 이러한 신뢰가 형성되면, 내담자는 편안해지고 지원 인력에게 다가가고 싶어 한다. 웃음과 소통이 뒤따를 가능성이 높다. 처음에는 매우 위축된 사람들의 경우, 접근에 대한 시간 계획이 짜여진 프로그램을 설정하고 그 반응을 기록하는 것이 유용할 수 있다. 일정한 패턴으로 진행된다면, 내담자는 곧 자신을 찾아오는 지원 인력을 기다리게 될 것이다. 이는 1세 미만의 아기와 작업하는 것과 동일한 원리이다. 다만, 인지 능력은 더 높을 수 있으므로 활동 형태, 의상, 도구, 언어 등은 대상자의 인지 수준에 맞게 조율해야 한다. 관계가 형성되면 내담자는 점차 다양한 활동에 참여하고 관심을 보이기 시작한다. 이것이 연습 단계의 시작이 된다.

연습 단계

이 단계에서는 반복적인 행동이 많이 나타난다. 때로는 자폐적(autistic)인 행동으로 보일 수도 있지만, 모든 자폐인이 (우리가 아는 것과는 달리) 외상 경험을 했거나 고통받는 행동을 보이는 것은 아니다. 연습 단계는 대략 10~15개월에 해당하는 탐색의 시기이다. 현재 일어나고 있는 일을 소리 내어 말하는 것은 도움이 된다. 예를 들어 산책 중에 주변 환경, 걷기 등 주위 상황을 언급하는 것이다. 세상에 대한 관심을 기르고 다양한 기술을 개발하도록 돕는 것이 좋다. 이러한 활동들은 결과보다는 활동 그 자체를 즐기는 데 초점을 맞춘다. 항상 '다음 단계'를 미리 계획하여 대립을 피하는 것이 중요하다. 예를 들어, "우리는 일어나서 샤워를 하고 아침 식사를 할 거에요"로 하루를 시작한 후, 아침 식사가 끝나기 전에 "이제 정리하고 나서 나갈 신발을 찾아봅시다"라고 말한다. 이는 활동에 집중을 유지하게 하고 대립이나 대인 간의 압박과 기대를 줄일 수 있다.

초기 접근 단계

연습 단계에 안정적으로 자리잡은 사람들에게는 초기 접근 활동을 시작하게 한다. 이제 양방향 상호작용을 시작할 때이다. 게임 같은 활동은 초기 접근 단계 시작에 좋은 방법이다. 예를 들어, Connect 4나 체커(draughts)와 같은 게임, 카드 게임, 식탁 차리기, 물건을 번갈아 정리하는 등 다른 사람과 함께 작업하거나 놀이하는 활동이 좋다. 대부분의 지원 인력은 함께 할 활동이 많고 협동하는 느낌이 있기 때문에 이 단계를 가장 쉽게 다룰 수 있다고 느낀다. 또한, 이 단계에서는 필요한 경우 대처할 수 있다면 보통 지역공동체에 나갈 수 있을 만큼 안전하기 때문에 더 재미있는 활동들을 할 수 있다. 이는 '미운 세 살(terrible twos)'의 도전 단계로 이어지기도 한다. 일부 직원들은 다음 단계가 힘들기 때문에 지원 대상자가 이 단계에 머무르기를 원하기도 한다. 하지만, 지원 대상자가 더 발전할 수 있도록 지속적으로 노력하는 것이 중요하다. 이 단계의 많은 행동은 의사소통을 위한 것이므로, 그 결과를 관찰하여 의미를 파악하는 것이 필요하다. 이 단계에서는 보상 프로그램에 대한 반응도 어느 정도 나타난다.

후기 접근 단계

후기 접근 단계는 개별화 단계에 이르기 전 마지막 단계로, 많은 도전, 협상, 자리를 차지하기 위한 다툼, 자율성에 대한 시도가 나타난다. 지원 인력의 역할은 이러한 발전을 격려하는 동시에 안전상의 고려를 잊지 않고, 활동의 범위가 넓어지고 다양해지게 하며 사회적 발달 시도가 더욱 중요해지도록 하는 것이다. 이 단계에서는 분노 발작과 "공평하지 않아"라는 불만이 많이 나타난다. 지원 인력이 이 단계에서 집중력을 유지하기 위해서 많은 지원이 필요하다. 후기 접근 단계는 상당히 오래 지속될 수 있으며, 최대 2년까지 이어질 수 있다. 그러나 이 단계를 마치면 내담자에게 더 나은 미래가 제공된다. 내담자는 더욱 독립적이고 합리적인 선택을 할 수 있으며, 일반적으로 정서적으로 성숙해진다. 기본적인 지적 장애 수준은 근본적으로 변화하지 않지만, 내담자가 그 능력을 더 잘 활용될 수 있게 된다. 일부 사람들은 정서적 성숙도가 향상된 후 IQ 점수가 증가하는 사례도 보였으나, 이는 일반적으로 목표라기보다는 부가적인 긍정적 결과이다.

후기 접근 단계의 대상자는 '협동 작업'이 증가함에 따라 긍정적 행동 지원(*Positive Behaviour Support*)의 혜택을 받을 수 있다. 그들은 협상, 공정함에 대한 합의, 선택지 간의 결정 능력이 향상된다. 이 단계에서는 만족 지연(delayed gratification) 보상이 더 잘 통하게 된다.

개별화 단계(Individuation)

지적 장애로 인해 완전한 독립하기 어려운 경우도 있다. 그럼에도 그들은 자신의 견해와 선택을 표현하고 원하는 것을 얻기 위해 협상할 수 있는 단계에 도달할 수 있다. 내담자가 목적을 달성하도록 돕기 위해 작업하면서 협상과 수용에 있어 성숙에 이르렀음을 알아차리는 것은 중요하다. 여기서는 정확한 단계를 식별함에 있어 초기 접근 단계와는 다른 관심과 요구가 필요하다.

주의 사항

대부분의 지원 인력은 성인 대상자가 정서적으로 3세 미만이라는 사실을 받아들이기 어려워하며, 적절한 단계보다 더 높은 단계로 평가하는 경향이 있다. 이러한 문제를 피하기 위해 신중하게 관찰하여 단계가 올바르게 할당되었는지 확인하거나, 해당 대상을 잘 모르는 다른 사람에게 의견을 구하는 것이 좋다. 잘못된 단계가 할당되면 행동이 악화될 위험이 있다. 대상자와의 조율이 가장 중요한 요소이며, 이는 무엇에 주의를 기울이고 있는지 정확히 파악하는 것으로 가능하다.

안전실 관리

안전실은 그 명칭 그대로 '안전'해야 한다. 안전실은 문제를 감추기 위해 격리하는 장소가 되어서는 안 된다. 안전실의 주요 목적은 제지를 피하기 위한 것이다. 제지는 타인을 억누르는 행위로 외상적이기 때문이다. 안전실 사용이 결정되면, 개별 돌봄 계획에 해당 내담자의 문제가 반영되어야 한다. 안전실 사용 기준은 자해 또는 타인에게 해를 끼칠 위험이 있는 경우여야 한다. 큰 쿠션 등을 이용해 대상자가 안전실로 유도될 수 있도록 하여, 직접적인 신체 접촉으로 인한 외상을 방지해야 한다. 문은 3/4 크기로 설치하고, 상단에 소통할 수 있는 공간을 마련한다. 만약 고통받는 대상자가 "저리 가(go away)"라고 말하면, 지원 인력은 철수했다가 일정 시간(예: 10분마다) 돌아와서 상태를 점검해야 한다. 대상자가 소통할 준비가 되면, 음료를 제공하고 점차 주 거실로 복귀시켜야 한다. 안전실이 남용되어 주 거실 공간으로 전락하는 경우가 목격된 적이 있다. 이는 내담자가 후퇴하고 정서 단계가 악화되는 역행하는 결과를 초래하므로 결코 허용되어서는 안 된다.

참고

올바른 단계를 식별하는 것은 적절한 돌봄 계획과 일상생활 경험을 마련하여 치료 효과를 극대화하는 데 필수적이다.

추가 개별 심리치료에서는 해당 내담자의 역사와 관련된 것이 무엇인지, 그들의 외상 경험이 무엇인지 파악하기 위해 이곳에서 제시된 다른 이론들을 모두 고려할 것이다. 직접 지원 인력은 내담자와 함께 고통을 이해하고 견디는 과정을 통해 개별 심리치료를 도울 수 있다.

참고문헌

Bowlby J (1999) [1969] Attachment. Attachment and Loss (vol. 1) (2nd edn). New York: Basic Books.

Bowlby J (1973) Separation: Anxiety & Anger. Attachment and Loss (vol. 2); (International psychoanalytical library no.95). London: Hogarth Press.

Bowlby J (1980) Loss: Sadness & Depression. Attachment and Loss (vol. 3); (International psychoanalytical library no.109). London: Hogarth Press.

Bowlby J (1988) A Secure Base: Parent–Child Attachment and Healthy Human Development. London: Routledge. *This book combines Bowlby's most well–known books about attachment into one book. This will give a good detailed understanding of how attachment and the safe base is important at all stages of life.*

Clark P (1933) *The Nature and Treatment of Amentia.* London: Balliere.

Frankish P (1989) Meeting the emotional needs of handicapped people: a psychodynamic approach. *Journal of Mental Deficiency Research 33* 407–414.

Frankish P (1992) A psychodynamic approach to emotional difficulties within a social framework. *Journal of Intellectual Disability Research 36* 559–563.

Frankish P (2015) *Disability Psychotherapy: An innovative approach to trauma–informed care.* London: Karnac Books.

Freud S (1927) *The Ego and the ID.* (*The International Psycho–Analytic Library, No.12*). London: Hogarth Press.

Gerhardt S (2004) *Why Love Matters: How affection shapes a baby's brain.* London: Routledge. *This book gives an overview of the biological and neurological evidence that science now finds supports the work of Bowlby and Winnicott.*

Klein M (1998) *The Collected Writings of Melanie Klein* (*Volumes 1–4*). London: Hogarth Press.

Malan DH (1979) *Psychodynamic Psychotherapy and the Science of Psychodynamics.* London: Butterworth–Heinemann.

Mahler S, Pine F and Bergman A (1975) *The Psychological Birth of the Human Infant: Symbiosis and individuation.* New York: Basic Books.

Rodman R and Winnicott DW (1971) *Playing and Reality. London: Tavistock. This book discusses the importance of play in a child's development.*

Sinason V (1992) *Mental Handicap and the Human Condition: New Approaches from the Tavistock.* London: Free Association Books.

Stokes J (1987) *Insights form psychotherapy.* Paper presented at International Symposium on Mental

Handicap, Royal Society of medicine 25 February.

Winnicott DW (1964) *The Child, The Family and the Outside World. London: Pelican Books. This is a very easy–to–read book that gives a really good insight into Winnicott's ideas about the early years of a child's life and 'good enough mothering', and is highly recommended.*

Winnicott DW (1965) *The Family and Individual Development.* London: Tavistock.

Winnicott DW (1971) *Playing and Reality.* Tavistock Publications Ltd.

Winnicott DW (1990) *Deprivation and Delinquency.* Eds: C Winnicott, M Davies and R Shepherd.

London: Routledge. *This edited compilation of Winnicott's writing gives more insight into the links between the kind of deprivation experienced and later criminal behaviour.*

저자 소개

팻 프랭키쉬(Pat Frankish)

팻 프랭키쉬(Pat Frankish)는 장애 및 심리치료 분야에서 오랜 경험을 가진 임상심리학자이다. 그녀는 어린 시절, 부모가 근무하던 장기 거주 병원(long-stay hospital) 부지에서 생활하며 성장했다. 그때부터 이미 그곳에서 생활하는 사람들을 위한 환경이 더 나아질 수 있어야 한다는 것을 직감했다.

이후 병원에서 근무하던 중 한 임상심리학자를 만나게 되었고, 이를 계기로 대학에 진학해 임상심리학을 전공한 후 임상심리학자로서의 길을 걷게 되었다. 훈련 과정에서 그녀는 정신역동적 심리치료를 함께 연구하며, 장애 지원과 심리치료를 결합하는 방향으로 경력을 발전시켜 나갔다.

그녀는 장애가 있는 사람들을 위한 심리치료와 트라우마 중심 돌봄(trauma-informed care)을 접목하는 연구에 집중해왔으며, 2015년 『장애 심리치료: 트라우마 인식 돌봄을 위한 혁신적 접근(Disability Psychotherapy: An innovative approach to trauma-informed care)』을 출간했다.

현재도 팻 프랭키쉬는 복합적인 지원이 필요한 사람들, 즉 트라우마 경험이 있거나 정서 발달이 지연된 사람들을 지원하는 실무자를 위한 서비스 및 교육을 개발하고 제공하는 데 힘쓰고 있다.

역자 소개

남지은

역자는 미국 웰슬리 대학교에서 심리학 학사 학위를 받았으며, 서울대학교에서 교육학(교육상담) 석사 및 박사 학위를 취득하였다. 현재 경희대학교 교육대학원 조교수로 재직 중이며, 교내 심리상담센터의 센터장을 맡고 있다. 외부에서는 한국아동청소년상담학회 부회장과 한국상담학회 자격검정 부위원장으로 활발히 활동하고 있다.

이주영

서울대학교에서 생물교육과 학사 학위를 받았으며, 서울대학교에서 특수교육전공과 교육학(교육상담) 석사 학위, 교육학(교육상담) 박사 학위를 취득하였다. 현재 단국대학교 상담학과 부교수로 재직 중이다. 외부에서는 국립중앙청소년디딤센터 입퇴교판정위원회 위원, 성남시 학업중단예방지원단 위원 등으로 활발히 활동하고 있다.

지적 및 학습 장애를 위한 트라우마 기반 돌봄: 실천적 가이드
Trauma-informed Care in Intellectual Disability

초판발행 2025년 4월 15일

지은이 Dr. Pat Frankish
옮긴이 남지은·이주영
펴낸이 노 현

편 집 전채린
표지디자인 BEN STORY
제 작 고철민·김원표

펴낸곳 ㈜ 피와이메이트
서울특별시 금천구 가산디지털2로 53, 210호(가산동, 한라시그마밸리)
등록 2014. 2. 12. 제2018-000080호
전 화 02)733-6771
f a x 02)736-4818
e-mail pys@pybook.co.kr
homepage www.pybook.co.kr
ISBN 979-11-7279-124-7 93180

* 파본은 구입하신 곳에서 교환해 드립니다. 본서의 무단복제행위를 금합니다.

정 가 12,000원

이 저서는 2021년 대한민국 교육부와 한국연구재단의 지원을 받아 수행된 연구임
(NRF-2021S1A5A8067452)

박영스토리는 박영사와 함께하는 브랜드입니다.